山东師範大學附屬中學
HIGH SCHOOL ATTACHED TO SHANDONG NORMAL UNIVERSITY
学生发展指导丛书

生活指导

主　　编　王玉璋

编委会主任　王玉璋
编委会副主任　高峰强　谭英海　陈德海
刘从军　张宪臣　王　鹏
本册主编　庄增臣
本册副主编　王喜刚　卢光涛　王介花

山东城市出版传媒集团·济南出版社

图书在版编目(CIP)数据

生活指导 / 王玉璋主编. -- 济南 : 济南出版社,
2018.8

(学生发展指导丛书)

ISBN 978-7-5488-3426-7

Ⅰ. ①生… Ⅱ. ①王… Ⅲ. ①高中生-学生生活
Ⅳ. ①G635.5

中国版本图书馆 CIP 数据核字(2018)第 200040 号

生活指导

责任编辑 宋 涛 张慧敏
封面设计 王 欣 焦萍萍

出版发行 济南出版社
地 址 济南市二环南路 1 号(250002)
编辑热线 0531-82772895
发行热线 0531-86131728
印 刷 肥城新华印刷有限公司
版 次 2018 年 10 月第 1 版
印 次 2018 年 10 月第 1 次印刷
成品尺寸 170mm×240mm 16 开
印 张 6
字 数 92 千字
印 数 1—2000 册
定 价 25.00 元

前言

高中阶段是一个人个性形成、自主发展的重要时期。在这个阶段，同学们会不断地加深对自己、社会、职业、教育的认识，并在这个基础上完成人生的第一次重大抉择。

对未来的三年，同学们既满怀憧憬，又会带着诸多的疑问和思考：

高中三年将怎样度过？

今天所学的知识对未来有用吗？

怎样形成科学的学习方法和策略？

高中生到底应该具备什么样的素质？

生命的价值何在？

该怎样规划自我个性发展？

高中毕业后将选择什么样的人生之路？

……

每一名高中生都将面对一系列的发展问题，那如何认识这些问题呢？这套“学生发展指导丛书”将带领同学们思考并解答高中三年中的疑问和困惑。

自我认知。就是每个人都要全面了解自己，包括基础、潜能、特长、弱点等方面，科学地认识现实和理想之间的关系，形成个体发展中的自主性、自觉性和主动性。

生涯认知。这是人自我发展的根基，我们要具有尊重生命、保护生命、发展生命的态度和方法，理解个人生命与他人生命的联系，明了生活的意义，形成正确、健康、科学的生活态度和行为，掌握生涯发展的技能。

社会认知。关注个人发展与社会发展的关系，认识现代社会需要什么样的人才，人才必须具备什么样的素质，以及如何才能成为人才，激发个体对社会的参与和贡献。

职业认知。不仅要从理论上认识职业及其变化，更要从一定的实践中体验职业和感悟职业，更加全面地了解职业素养和能力要求。

“学生发展指导丛书”包括《学业指导》《生涯指导》《心理指导》《生活指导》四个分册，旨在从学业、生涯、心理、生活等方面给同学们提供一系列指导。

一个人若是看不到未来，就掌握不了现在；一个人若是掌握不了现在，就看不到未来。这两句话道出了生涯规划的本质和精髓：立足现在，胸怀未来。弗洛姆在《生命的展现》一书中提到，我们需要一个献身的目标，以便把力量整合到一个方向上，以便超越我们的孤独生命状态，超越此种状态所造成的一切疑虑与不安全之感，并且满足我们企求生活意义的需要。生涯规划就是将自己托付于这个目标的一种安身立命。

生涯不等同于生命，只有在个人寻求它的时候它才存在，所以人是生涯发展的主动塑造者。我们希望每一位同学的发展都是主动发展的过程，都能在了解自我、了解社会、了解职业的过程中找到生命的价值和意义。

王玉璋

目录

第一章

走进山东师大附中

第一节 学校简介

山东师范大学附属中学创建于1950年10月，是全国百强中学，山东省首批省级规范化重点高中，首批省级教学示范学校，国际奥赛数学、生物金牌学校，全国物理、化学、信息学奥赛金牌学校，全国科技创新大赛金牌学校。学校占地面积330余亩，分为校本部（走读）和幸福柳（寄宿）两个校区，在校学生4000余人。

1.学校师资力量雄厚。学校现有在职教职工300余人，特级教师5人，正高级教师3人，“齐鲁名师”3人，“济南名师” “济南优秀教育管理者”6人。硕士研究生导师45人，全国优秀教师3人，国家级骨干教师10人，山东省骨干教师18人，山东省教学能手18人，济南市教学能手11人，全国优质课一等奖获得者24人，山东省优质课一等奖获得者49人，“济南市优秀班主任”27人，济南市学科带头人、中心组成员26人，学科奥赛金牌教练员13人，硕士研究生81人。山东师大附中是山东省所有高中教师队伍中硕士研究生最多、齐鲁名师最多、山东省教学能手最多、高级教师最多的“四多”学校。

2.学校教学质量优异。山东师大附中贯彻“以人为本，全面发展”的教育理念，

不断深化课程改革，积极推进自主选课、走班制教学和校本课程开发，努力打造具有附中特色的新课程体系。在师生的共同努力下，学校取得了一个又一个素质教育成果，目前在学科奥赛和体育比赛中已获7枚国际奖牌，在全国、省组织的学科竞赛中有千人次获奖。学校培养的学生素质高、能力强，在全国重点大学保送资格、自主招生选拔和国际知名院校遴选过程中备受青睐，学校也被国内众多高校授予“优秀生源基地”称号。

3.学校办学特色鲜明。学校始终尊重个性差异，坚持创新教育和个性化服务，凸显办学特色，努力建设具有大学附中特色的优质高中。校园文化节、艺术节、戏剧节、读书节、科技节、社团展示节和体育节等都是学校常规的学生活动项目。在“附中讲坛”中，校外专家、校内名师、优秀学子轮番登场，在此传递经验、交流心得。交响乐团、合唱团、舞蹈队、机器人活动小组、历史纵横等50多个学生社团方兴未艾，课外实践活动如火如荼，校内媒体刊物各抒己见、百家争鸣，学校男女篮球队、足球队多次获得全国比赛冠、亚军。

4.学校硬件设施一流。两校区均配以最先进完备的计算机系统、多媒体辅助教学一体化校园网络，无线网络校园全覆盖。学校建有先进的理化生探究数字实验室、智能自动录播教室、中学生心理辅导中心及各类专业教室。

美丽的校园是一座花园式庭院，春季樱花满枝，夏季荷香飘溢，秋季百菊争艳，冬季松柏青翠。假山流水相映成趣，壁雕石栏巧夺天工，如诗如画。

5.桃李天下竞芬芳，芝兰满室誉满园。山东师大附中以其辉煌的教育教学成绩赢得了社会的广泛赞誉，先后荣获了全国百强中学、全国首批现代教育技术实验学校、全国现代教育技术百强示范学校、教育部“中小学科学探究学习与创新人才培养机制实验研究”项目示范学校、全国劳动技术教育先进单位、全国群众性体育活动先进单位、国家级体育传统项目学校、全国青少年文明礼仪教育示范基地、中国科协青少年科技创新人才培养

项目优秀实验学校、全国十佳文学校园、山东省首批省级规范化重点中学、山东省教学示范学校、山东省教书育人先进单位、山东省青少年工作先进单位、山东省中小学素质教育工作先进单位、山东省科普示范学校、山东省教学管理示范学校、山东省艺术教育示范学校、山东省心理健康教育先进单位、山东省绿色学校等荣誉称号。从山东师大附中走出的毕业生活跃在各个领域,许多都是社会的精英。

第二节 办学理念

山东师大附中坚持“以人为本,全面发展”的办学理念,以“建设具有大学附中特色的省内拔尖、国内一流的优质高中”为办学目标,落实“以学生为主体,以活动为途径,以发展为终极目标”的德育原则,从“涵养具有大学气质的学校文化”“养育具有山东师大附中特质的学生”“成就具有教育家品质的教师”和“塑造优质高雅的品牌学校”四个方面落实到教育实践。

一、校徽

山东师大附中校徽如右图。

校徽选用蓝色和黄色作为主体色,盾形标志的主体是蓝色。蓝色象征冷静、专注、理性、高贵和学术领域的成就,黄色则象征积极、向上和发展的成就。

校徽中间的五条黄色竖线寓意丰富,可以看成高扬的旗帜,表示学校在基础教育领域独树一帜,引领发展;或看成展开的书卷,表示学校是学生汲取知识的书海;又可以看成发展的阶梯,表示学校是学生成长发展的基础;还可以看成远航的风帆,预示学校这艘帆船乘风破浪、一帆风顺。五条黄色竖线同时代表着德智体美劳,体现学校志在培养五育并举、全面发展的社会主义建设者和接班人。

二、校风

文明　勤奋　求实　创新

三、校训

爱校　爱学　爱教

四、学风

刻苦　勤奋　谦逊　进取

第三节　校歌

山东师大附中校歌《笑迎未来　开创明天》由学校退休音乐教师张大伟谱曲，退休语文教师李新华作词。歌曲朗朗上口，唱出了附中人的心声和对学校的深情热爱。

笑迎未来　开创明天

——山东师大附中校歌

1=F $\frac{2}{4}$

李新华 词
张大伟 曲

♩=80　朝气蓬勃

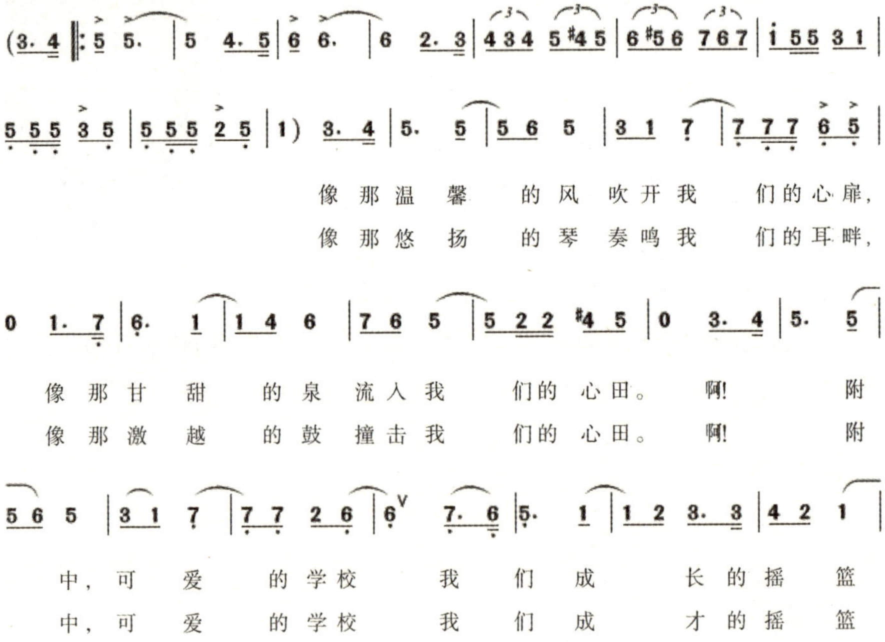

像那温馨的风吹开我们的心扉，
像那悠扬的琴奏鸣我们的耳畔，

像那甘甜的泉流入我们的心田。啊！附
像那激越的鼓撞击我们的心田。啊！附

中，可爱的学校我们成长的摇篮
中，可爱的学校我们成才的摇篮

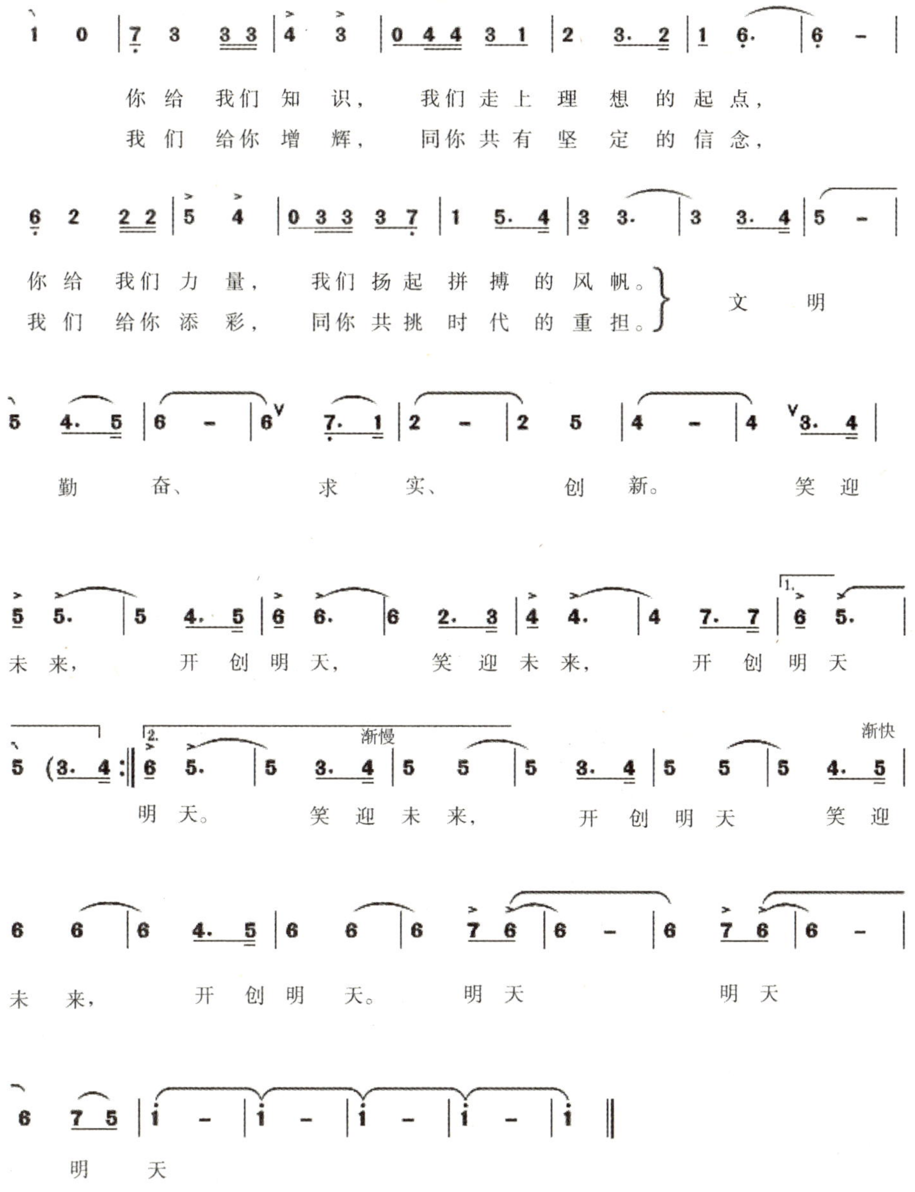

1 0 | 7 3 3 3 | 4 3 | 0 4 4 3 1 | 2 3. 2 | 1 6. | 6 - |

你给 我们 知 识， 我们走上 理 想 的 起 点，

我们 给你 增 辉， 同你共有 坚 定 的 信 念，

6 2 2 2 | 5 4 | 0 3 3 3 7 | 1 5. 4 | 3 3. | 3 3. 4 | 5 - |

你给 我们 力 量， 我们扬起 拼 搏 的 风 帆。

我们 给你 添 彩， 同你共挑 时 代 的 重 担。 } 文 明

5 4. 5 | 6 - | 6 7. 1 | 2 - | 2 5 | 4 - | 4 3. 4 |

勤 奋、 求 实、 创 新。 笑 迎

5 5. | 5 4. 5 | 6 6. | 6 2. 3 | 4 4. | 4 7. 7 |[1.] 6 5. |

未 来， 开 创 明 天， 笑 迎 未 来， 开 创 明 天

5 (3. 4 :‖[2.] 6 5. | 5 3. 4 | 5 5 | 5 3. 4 | 5 5 | 5 4. 5 |

渐慢 渐快

明 天。 笑 迎 未 来， 开 创 明 天 笑 迎

6 6 | 6 4. 5 | 6 6 | 6 7 6 | 6 - | 6 7 6 | 6 - |

未 来， 开 创 明 天。 明 天 明 天

6 7 5 | 1 - | 1 - | 1 - | 1 - | 1 ‖

明 天

第二章 校园生活指导

第一节 养成健康的生活习惯

著名教育家叶圣陶曾说过:“教育是什么?往简单方面说,只须一句话,就是要养成良好的习惯。”高中阶段是同学们为自己的终身发展奠定好各方面基础的时期,同学们在学校生活中学会求知、学会做事、学会共处、学会做人,在老师的指导和帮助下,学会自我管理、自我反思、自我校正、自我提高。同学们在高中阶段养成健康的生活习惯,既能保证自己愉快、顺利地度过高中生活,更能为自己愉快、顺利地进入高校、踏入社会乃至为以后的工作和生活奠定良好的基础。健康的生活习惯是快乐成长的保证,同时又是美好生活的有力支撑。一般来说,同学们进入了高中,还处在生长发育的飞跃阶段——青春期。这一阶段,人体各器官普遍加速生长并逐渐达到成熟水平,是长知识、长身体、增强体质的最重要、最有利的时期;丰富的营养、适当的锻炼和合理的作息是影响大家身心发育的三个重要因素。因此在这一阶段,在学习中养成良好的学习习惯,在生活中养成健康的生活习惯,既是学校的培养目标,也是每个人的奋斗目标。那么,在高中阶段,我们应该注意哪些生活细节,培养哪些健康的生活习惯呢?下面逐一介绍。

一、养成健康的饮食习惯

(一)重视一日三餐

15到18岁的青少年正处在青春发育期,全身各部分器官逐渐发育成熟,代谢旺盛,又活泼好动,其活动量高于任何年龄

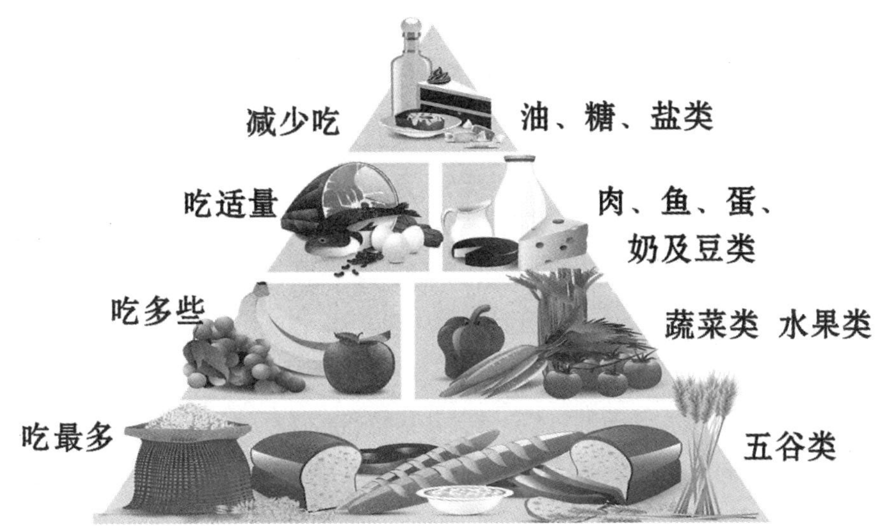

段。这时期也是同学们思维能力活跃、记忆力最强的时期，学习任务十分繁重，要面临各种各样的考试，大脑皮层长期处于高度紧张之中，所以大家对此时的营养状况应该十分重视。许多事实表明，营养对青少年的体型、机能、智力、情绪等方面都会产生深远的影响。

健康的饮食是指膳食中应该富有人体必需的营养，同时还要避免或减少摄入不利于健康的成分。水、矿物质、维生素、糖类、蛋白质和脂肪是人赖以生存的六大营养素，对于学习任务繁重的中学生来说，更是无比重要。高中生体格发育极为迅猛，加上学习紧张、活动量大，需要摄入更多的热量；热量主要来自主食、脂肪和蛋白质。早餐（包括课间餐在内）的热能摄入量占一天总热能的30%、午餐占35%~40%、晚餐占30%~35%是比较合理的。中学生要多吃鱼、瘦肉、蛋、牛奶、豆制品等蛋白质丰富的食物，同时还要补充足量的维生素和矿物质。青少年代谢旺盛，骨骼生长快，肌肉组织细胞数量直线上升，所以要特别注意钙、磷、镁和维生素AD的供给。大量组织的形成需要铁，铁元素供给不足则可能发生贫血。此外，甲状腺机能的增强需要更多的碘，体格发育和性器官的逐渐成熟需要锌元素的参与，维持正常代谢和生长，离不开充足的维生素供给。

上午紧张的学习和活动，要求早餐必须含有充足的热量。有些同学早晨匆匆忙忙凑合着吃一点早饭就赶去上学，上完两节课，肚子就饿得咕咕叫，等到第三、四节课时就可能出现精神不振、注意力不集中等现象，影响正常的学习。因此，早餐要特别予以重视。早餐可包括鸡蛋、牛奶、花生、大豆等营养丰富的食品，有条件的同学可以在课间加餐，以保证能精力充沛地学习。

每餐均应有荤有素，也可以粮、豆、菜混食。主副食品适当搭配，可以充分发挥蛋白质的互补作用，提高蛋白质的利用率。米面混食、干稀搭配也很重要，不应在一餐中既吃稀饭又喝汤，或全吃干稠食品而无汤汁供给。

健康的饮食习惯，具体来讲，包括以下几个方面：

1.一日三餐，定时定量，才可使消化腺的分泌和胃肠蠕动形成有规律的运动。假若进食不定时，饥饱不均匀，会引起胃肠功能紊乱，影响消化吸收。

2.不偏食，不暴饮暴食。有的同学有偏食和择食的习惯，喜欢吃这种、不喜欢吃那种，或只吃几种食物、其他的一概不吃，尤其是不愿吃蔬菜，这样就会造成营养上的不平衡。譬如偏吃荤腥、不吃蔬菜，易造成多种维生素和矿物质的缺乏，为成年后患高血脂、心血管疾病埋下了一颗"定时炸弹"。此外，暴饮暴食极易引发胰腺炎和急性消化不良、胃炎等疾病。

3.饭前饭后半小时内不要从事紧张的脑力劳动或剧烈的体育运动，也不宜边吃饭边看书。这些行为都会造成胃肠蠕动减弱，消化液分泌减少，影响消化吸收功能，严重时还会引起胃炎或其他胃肠道疾病。

4.吃饭时保持心情舒畅。有条件的同学就餐时可播放轻音乐，这样可使就餐者心情轻松愉快，消除大脑皮层的紧张与疲惫，从而增进食欲。如若在生气、发怒争吵或者哭泣悲伤时吃饭，不但影响食欲，而且容易引发消化不良。

5.睡前不饱食。同学们都知道，睡前吃得过饱不但会影响睡眠，还会给胃肠带来负担，引起食物消化不良，甚至导致胃肠疾病。

6.提倡住校的同学在学校食堂就餐。建议同学们不要在教室或宿舍就餐，更不赞成叫外卖或到路边小店就餐。

（二）杜绝不良习惯

大量调查发现，有些同学在饮食方面具有以下不良习惯，这些不良习惯为健康埋下了隐患，建议同学们有则改之，无则加勉。

1.零食当正餐。如今的零食名目繁多，味道诱人，有的同学从小偏爱吃零食，校园里"零食当正餐"的现象比较普遍。长期吃零食或者吃零食过量会影响食欲，使得机体必需的营养素摄入不足，导致营养不良。"零食当正餐"一方面会妨碍正餐的摄入量，从而影响身体正常功能的发育；另一方面，同学们吃零食前经常不洗手，认为"不干不净吃了没病"，而这样做实际上极易感染肠道疾病。

2.对饮料青睐有加。有同学用乳饮料代替牛奶，用果汁饮料代替水果；而实际上，饮料根本无法代替牛奶和水果的营养，两者之间有着天壤之别。餐前喝饮料容易使人产生饱腹感，妨碍正餐时的食欲。有的同学喜欢把饮料当水喝，而有些饮料含有激素，长期饮用会导致内分泌失调、肥胖或者早熟，影响生长发育和身心健康。水是生命之源，是最好的饮料，能补充体能、排除毒素，其对人体的价值是任何饮品不能代替的。

3.冷热混食，导致消化不良。温度的冷热变化会造成胃肠黏膜不同程度的损伤，有的同学运动后喜欢边吃饭边喝冷饮，这样会使胃肠道受到极度刺激，造成胃肠道吸收食物障碍，诱发腹泻，严重者甚至会导致胃肠出血。

4.经常光顾街边临时小食摊。街边小食摊卫生条件缺乏监管和保障，食品易受灰尘、废气等污染，而且食品原料来源不明，地沟油泛滥，同学们长期食用这些不洁净的食品，会对身体产生不良影响。

5.吃饭一心二用，电视、电脑或手机佐餐。有的同学吃饭时习惯看着电视、电脑或手机，眼睛一动不动地盯着屏幕，嘴巴做着机械式的咀嚼。这种一心二用的吃饭方式，久而久之，会使肠胃功能减退，引发肠胃消化道疾病。

（三）远离垃圾食品

凡事过犹不及，青少年自控力差，容易过量食用一些喜爱的食品而会影响正常饮食和身体健康。近年来社会上出现了"十大垃圾食品"的说法。

1.饼干食品(不含低温烘烤和全麦饼干)。这一类食品多含有食用香精和色素，加工过程中严重破坏维生素，过量食用会给肝脏功能造成负担，摄入过多热量。

2.油炸食品。油炸会破坏维生素，使蛋白质丧失活性，这一类食品通常含有高能量、高脂肪，过量食用易诱发心血管疾病、导致肥胖。

3.加工肉食品(如肉干、肉松、香肠等)。这一类食品含大量防腐剂和三大致癌物质之一的亚硝酸盐(防腐和显色作用)，长期食用会加重肝脏负担。

4.鱼、肉类和水果类罐头食品。这类罐头食品在加工过程中会破坏食材的维生素，使蛋白质丧失活性，热量过多且营养成分低。

5.汽水、可乐等饮料。这些饮料多含有磷酸、碳酸，含糖量很高，喝后产生的饱胀感会影响正餐的食欲，同时在吸收过程中会带走体内大量的钙，影响身体对钙的吸收，不利于骨骼生长和身体发育。

6.方便面和膨化食品。这一类食品热量、盐分过高，含有大量的防腐剂和香精，食用过量会损肝，造成营养不良。

7.烧烤食品。烧烤会导致蛋白质炭化变性，产生一种叫苯并芘的物质，这种物质居三大致癌物质之首，会减少身体对蛋白质的吸收，长期食用会加重肾脏、肝脏负担。

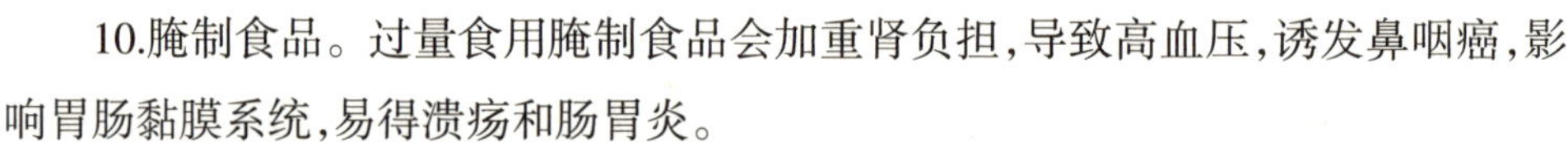

8.话梅、蜜饯类食品(果脯)。这一类食品多含有亚硝酸盐、过高的盐分、防腐剂、香精等，易损害肝脏。

9.冷冻、甜品类食品，如冰淇淋、冰棒和各种雪糕。经常食用这类食品会使身体摄入过多的糖和奶油，引起肥胖，影响正餐摄入。

10.腌制食品。过量食用腌制食品会加重肾负担，导致高血压，诱发鼻咽癌，影响胃肠黏膜系统，易得溃疡和肠胃炎。

十大垃圾食品属于高蛋白、高脂肪、高碳水化合物（高糖）的能量密集型食品，加工过程中为了制造口感，添加了很多食品添加剂，味道好而且吃起来不容易觉得饱，所以容易让人在不知不觉中发胖，引发各种慢性病。不少烹炸食品中加入了疏松剂明矾，使铝含量严重超标。铝是两性元素，与酸和碱都能起反应，反应后形成的化合物，容易被肠道吸收，并可进入大脑影响智力发育，过量摄入铝会对人体产生很大危害。所以，请各位同学加强自控力，远离垃圾食品，对自己的身体安全负责。

二、养成健康的卫生习惯

(一)重视个人卫生

良好的个人卫生习惯是我们健康生活的保障。充足的睡眠能够提高自我免疫力,促进生长激素的分泌,提高学习效率,保持皮肤光滑红润并富有弹性。因此,坚持早起早睡,重视午休,保证每天正常的睡眠与休息时间尤为重要。

此外,每日睡眠前洗脸、洗脚和刷牙,起床后要洗漱,饭前便后要洗手。经常洗澡,换洗衣服,指甲、头发要定期剪洗,不留长发和涂染指甲。备好口罩,雾霾天气要戴口罩,口罩要定期清洗更换。

眼睛是心灵的窗户,注意用眼卫生,保护好眼睛才能够拥有美好的生活;因此,同学们须每日按规定标准坚持做眼保健操。预防近视要做到:三要,五不看,三个一。

三要是:

读书写字的姿势要正确;

看书写字40分钟后要到室外活动或向远处眺望一会儿;

要认真做眼保健操。

五不看是:

不要在暗弱光线下和直射的阳光下看书写字;

不要躺在床上、在公共汽车上或走路时看书;

不要看字体过小、字行过密、字迹印刷不清的读物;

做作业不要用淡色铅笔;

看电视时间不要太久。

三个一是:

一尺,即读书写字时,眼睛和桌面要保持一尺的距离;

一拳,即胸离书本一拳远;

一寸,即握笔时手和笔尖要保持一寸的距离。

(二)搞好集体卫生

同学们,学校中的学习生活是一种集体生活,因此在这里所说的集体卫生是指教室卫生和宿舍卫生。

首先，不论在教室还是宿舍里，个人用品要规整好。在教室中自己的书本在课桌上要摆放整齐，不在课桌上、墙壁上写字刻画，不乱丢垃圾。宿舍里，个人床铺、箱子及生活用品摆放整齐，遵守学校的宿舍管理规定，起床叠被，整理好床单、枕巾，床单、枕巾、鞋袜等个人用品要勤洗勤换。

其次要做好值日工作。做好值日，人人有责。学生要按照任务分配，认真完成卫生清扫工作，及时擦拭黑板，讲台、桌椅及学习用品摆放整齐，干净卫生；墙壁、天花板无灰尘和蜘蛛网，地面清洁，无纸屑、痰迹、积水；门、窗、玻璃清洁明亮，窗台上无堆放杂物；教室卫生工具摆放整齐，及时清理废品垃圾，无卫生死角；定时开窗通风，保证教室空气流通更新；按照宿舍卫生值日表，轮流打扫室内卫生，及时拖地、清理垃圾，开窗通风，保持室内干净清洁。

教室是学习的地方，宿舍是休息的场所，因此提醒同学们一日三餐在食堂就餐，不要从食堂打饭到教室或者宿舍，以保持良好的学习环境和休息环境。

（三）预防各种疾病

学校是人口密集区域，也是流行疾病的高发区域。每位同学都应做好疾病预防，既保护自己，也保护他人，保证自己顺利完成学业，健康成长。为防患于未然，下面向同学们介绍几种常见的疾病及预防措施。

1.中暑。中暑是指在高温和热辐射的长时间作用下，引起的机体体温调节障碍，水、电解质代谢紊乱及神经系统功能损害等。

预防中暑首先要注意饮食，多吃一些肉类、蛋类食品，还要注意补充维生素，多吃蔬菜、水果。高一新生军训时容易出现中暑情况。军训期间预防中暑：早饭要吃好、吃饱，因为上午的军训量很大，而且天又热，饿着肚子很容易晕倒；午饭要吃饱，保证下午所需体力；晚上睡觉前可以喝一袋热牛奶，既补充营养，又能改善晚上的睡眠状况。同学们可能会因为从舒适的假期到突然的强化训练而感到不适应，产生食欲下降、恶心、呕吐、腹痛、腹泻等消化系统问题，所以在吃饭的时候应尽量减少刺激性食物的摄入，做到细嚼慢咽，切不可因为饭菜不合胃口而不吃或少吃。注意多补充水分，每天喝水量在2000mL左右，勤喝少饮，每次200~

300mL，以矿泉水、淡盐水最佳。

军训期间如果感觉头晕、眼花，应立即喊报告，原地坐下，待眩晕过后再到阴凉地休息一会儿。切忌硬挺着，导致直挺挺地倒下去，引发摔伤。一旦发现有同学中暑，其他同学应立即报告校医，并应尽快将中暑的同学搬至阴凉通风处，在校医指导下，解开紧束的衣物，迅速用冷水或冰水擦浴，使其体温逐渐下降，并供给清凉饮料或含盐低糖饮料解暑。

2.流感。流感，即流行性感冒，是由流感病毒引起的急性呼吸道传染病。病毒存在于病人的呼吸道中，在病人咳嗽、打喷嚏时经飞沫传染给别人。流感的传染性很强，由于流感病毒容易变异，即使是患过流感的人，当下次再遇上流感流行，仍然会感染，所以流感容易引起爆发性流行。当有受凉、淋雨、过度疲劳等诱发因素，人的全身或呼吸道局部防御功能降低时，原已存在于上呼吸道或从外界侵入的病毒或细菌可迅速繁殖，也可引起发病。季节交替时节是流感的高发季。一旦发生流感，应及时就医。

预防流感首先应加强个人防护，注意冷暖变化，适当增减衣服，同时注意居住环境的通风，保持室内空气清新；还要注意合理饮食，多饮水，多食水果、蔬菜，保持大便通畅。

3.肠胃炎。肠胃炎是夏秋季的常见病、多发病，多由细菌及病毒等感染所致，主要表现为上消化道病状及程度不等的腹泻和腹部不适。

预防肠胃炎首先做到饮食有规律，千万不要暴饮暴食；其次注意饮食习惯和卫生：吃饭时一定要细嚼慢咽，使食物在口腔内得到充分的磨切，并与唾液混合，这样可以减轻胃的负担，使食物更易消化；应尽量少吃刺激性食品，更不能饮酒和吸烟。此外，幽门螺杆菌是导致胃炎、胃溃疡和胃癌的元凶，它可以通过餐具、牙具等相互传染，因此不混用他人的餐具、牙具可以预防幽门螺杆菌感染。再次，不冷热混食。肠胃不好的同学，尽量避免吃过冷或者中医认为性寒的食物。

夏天气温居高不降，气候干燥闷热，不少家庭习惯在冰箱中储存大量食物食用。殊不知，食物在冰箱中保存时间过长，各类细菌尤其是大肠杆菌就会在湿冷的环境中滋生；加上不按时清洁冰箱，取出食物即食，细菌就会入侵胃肠从而引发“冰箱性肠胃炎”，假期里，同学们应特别注意预防肠胃炎。

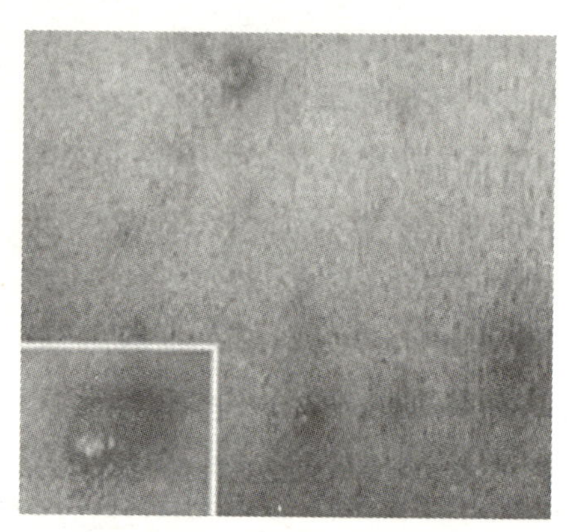

4.水痘。水痘，多发于冬、春季节，是一种发病急、传染性很强的传染病。水痘的病原体是水痘带状疱疹病毒，存在于患者的血液、疱疹的浆液和口腔分泌物中。水痘的潜伏期为十四天左右，出现疱疹，并伴有轻、中度的发热。它主要通过飞沫经呼吸道传播，接触被病毒污染的物品也可能被传染，因此容易在教室内同学之间传染。患了水痘的同学必须隔离治疗，当所有水泡结痂脱落后才不具有传染性，有县市级以上医院证明病愈才可以回到学校学习。

水痘疫苗是经水痘病毒传代毒株制备而成，是预防水痘感染的唯一手段。接种水痘疫苗不仅能预防水痘，还能预防水痘带状疱疹引起的并发症。另外，预防水痘还应多喝热水，多吃蔬菜水果，加强体育锻炼，提高自身的免疫力。在打喷嚏或咳嗽时应用手绢或纸巾遮挡一下口鼻，双手接触呼吸道分泌物后应立即洗手或用纸巾擦拭干净，避免交叉感染，不与他人共用水杯、餐具、毛巾、牙刷等物品。通风是预防呼吸道传染病流行最简单、有效的方法，因此同学们要做好教室和宿舍的通风。

5.红眼病。红眼病全年均可发生，多是双眼先后发病。发病时病人感到双眼发烫、烧灼、畏光、流泪、睑结膜发红，早晨起床时眼皮常被分泌物粘住，不易睁开。其传播途径主要是通过接触传染，通过接触病人眼部分泌物或泪水沾过的物品，与红眼病人握手或用脏手揉擦眼睛等，都会被传染。夏秋季节，因天气炎热，细菌容易生长繁殖，非常容易造成疾病

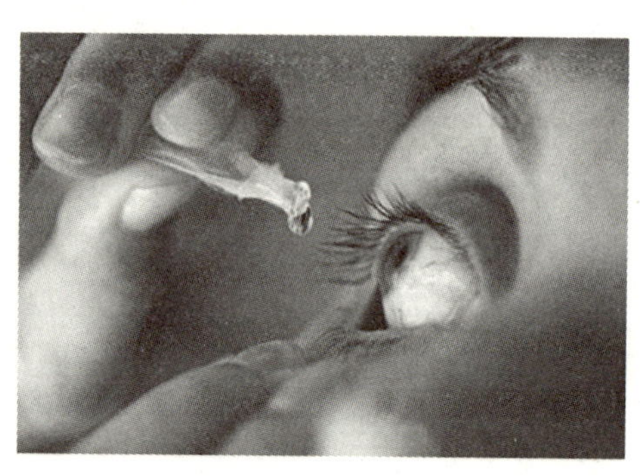

的流行。患病学生只能回家进行隔离治疗，有县市级以上医院证明康复才可以回到学校学习。

一旦出现红眼病症状，应立即控制传染源，做好教室、宿舍的消毒工作。教师、学生要及时洗手，避免交叉感染。同学们应注意日常生活细节，避免染菌，可点消炎眼药水预防，不用脏手和衣袖揉眼睛，万一接触到沾有病菌的物品应用肥皂洗手。

6.低血糖。低血糖是指成年人空腹血糖浓度低于2.8mmol/L，低血糖症是一组多种病因引起的以静脉血浆葡萄糖（简称血糖）浓度过低、临床上以交感神经兴奋和脑细胞缺氧为主要特点的综合征。低血糖的症状通常表现为心跳加速、发抖、冒冷汗、头晕、严重饥饿感、面目苍白等，严重者会出现精神不集中、躁动、暴怒、昏迷等。

预防低血糖要吃好一日三餐，定时定量，保持营养平衡。多喝红糖水或八宝粥，少吃酸辣、油炸的食物，可以很好地预防低血糖。熬夜会使人免疫力下降，所以应避免熬夜，坚持早睡早起。天气炎热的情况下，不要在太阳直射下停留时间过长。平时应该避免过度劳累、大量出汗，可在口袋里准备一些高糖的食物，比如糖和巧克力，出现大量流汗、眩晕等症状时，立即服用。有些低血糖与过度疲劳有关，休息一会儿，能得到很大的改善。大量的运动会将体内的糖分消耗殆尽，出现头晕、没劲，甚至是呕吐的情况，因此运动过量也会导致低血糖，此种情况应立即停止运动，主动调整恢复。

适当吃糖可迅速缓解低血糖，但这只是应急之策，要彻底摆脱低血糖，还需从调整饮食习惯做起，在生活中注重蛋白质、维生素、矿物质等多元化营养的补充，定时吃饭，这样才能在源头上解决血糖低的问题，身体才能远离低血糖的烦恼。

三、养成健康的运动习惯

（一）重视体育课程

随着科学技术的迅猛发展和经济的全球化，人类的物质文化生活水平整体上有了很大提高，许多疾病难题得到了攻克，人们的身体健康状况大为改善。但是，现代生产和生活方式造成的体力活动减少和心理压力增大，对人类健康产生了日益严重的威胁。人们逐渐认识到，健康不仅是没有疾病，而是在身体、心理和社会发展方面都保持良好的状态。如今，人们比以往任何时候都更加关注自己的健康状况和生活质量。

国民的健康关系着国家的发展、社会的进步，而体育课程又是增进国民健康的有效途径，因此，世界各国都高度重视体育课程的推进和改革。《中共中央国务院关于深化教育改革全面推进素质教育的决定》指出："健康体魄是青少年为祖国和人民服务的基本前提，是中华民族旺盛生命力的体现。学校教育要树立健康第一，指导思想，切实加强体育工作。"《全日制义务教育普通高级中学体育与健康课程标准(实验稿)》(以下简称《标准》)正是在这一思想的指导下制定的。《标准》突出强调要尊重教师和学生对教学内容的选择性，注重教学评价的多样性，使课程有利于激发学生的运动兴趣，养成坚持体育锻炼的习惯，形成勇敢顽强和坚忍不拔的意志品质，促进学生在身体、心理和社会适应能力等方面健康、和谐地发展，从而为提高国民的整体健康水平发挥重要作用。

高中体育与健康课程是一门以身体练习为主要手段，以体育与健康知识、技能和方法为主要学习内容，以增进学生健康为主要目的的必修课程。它具有鲜明的基础性、实践性和综合性，是高中课程体系的重要组成部分，是实施素质教育和培养德智体美全面发展人才不可缺少的重要途径。

希望同学们通过学习本课程，能提高体能和运动技能水平，加深对体育技能与健康知识的理解，学会体育学习及其评价，增强体育实践能力和创新能力，形成运动爱好和专长，培养终身体育的意识和习惯，发展良好的心理品质，增强人际交往技能和团队意识，塑造健康体魄，提高对个人健康和群体健康的社会责任感，逐步形成健康的生活方式和积极进取的人生态度。

在实施素质教育与体育课程改革的今天，山东师大附中体育课坚持"健康第一"的

指导思想，将体育课和其他学科放在同样重要的地位，根据课程要求，开足体育课程，认真组织教学。从学校以往的教学实践来看，大多数同学喜欢体育课，能够积极地参加体育锻炼，努力上好体育课；但也有一部分同学，在体育锻炼中怕苦、怕累甚至怕出汗，随着课业负担、升学压力的加大，轻视和忽略了体育课的重要性。部分同学不愿意上体育课的深层次原因是自我约束力不够，意志不够顽强，而体育课恰是培养和锻炼自我顽强意志的有效途径。同学们，从心理上重视体育课程，坚持上好体育课，是国家、社会和学校对每一位学生的基本要求，也应该是学生对自己的基本要求。

（二）参加体育比赛

山东师大附中重视体育课程建设，除了开设国家课程标准规定的体育课程外，还根据学校的实际情况，设计和组织了许多大型的集体比赛活动。活动经常以班级为单位组织设计，充分调动每一位同学的积极性，发挥个人的特长并树立竞争意识，强化同学们的纪律意识，培养大家的合作意识、集体观念和时间观念，培养勇于迎接挑战的积极态度和越挫越勇的意志品质。

到目前为止，我校成功组织的传统集体比赛项目很多，现精选介绍如下。

1.运动会。学校每年在各个年级都会召开春、秋季运动会，受到了同学们的一致好评。运动会是一场展现班级凝聚力的盛会，是一方展现个人风采的舞台。运动会设田赛、竞赛和班级跳绳比赛三大类项目，比赛项目繁多，同学们可以根据自己的特长报名参加。

2.万米接力比赛。该项目是我校特色体育竞赛活动，始于2002年，需要每个班组织10名女同学、15名男同学共同参加比赛，每人接力跑步400米，旨在锻炼同学们的竞争意识和合作精神。比赛时间原安排在每年冬季，近几年受冬季雾霾天气的影响，学校改在春天组织比赛。

3.学生体质健康测试比赛。根据国家教育部要求，学校每年组织学生体质健康测试，具体包括50米跑、坐位体前屈、立定跳远、女子800米跑、男子1000米跑、女子仰卧起坐、男子引体向上等项目，每位同学都要参加测试比赛。学校根据实际情况，组织各班级开展项目比赛，这样既进行了体质检测，又进行了班级比赛，称得上是一场小型运动会。

4.年级足球、篮球、排球比赛。山东师大附中作为全国校园足球特色学校，除了在日常体育授课中普及足球知识、开设足球课提高同学们足球基本技能以外，每年在高二年级还会组织班级足球五人制联赛。这项赛事受到了同学们的一致欢迎，学校正在计划扩大足球比赛规模，准备组织高二年级两校区十一人制对抗赛和高一年级足球联赛。

篮球是广大男同学喜爱的项目，平时各班经常会举行小型篮球比赛。学校定期在高一、高二年级举行五人制或三人制篮球比赛，目的在于进一步规范同学们的技术动作，提高同学们的竞技水平，展现同学们团结拼搏的精神面貌。

在学校开设的排球课中，老师们会教授同学们排球知识和相关的动作要领。为了展现同学们的学习情况，进一步提高同学们的排球技能和比赛的战术水平，培养同学们的配合和合作意识，学校会组织年级排球男女生混合比赛，该项比赛要求参赛的五位同学中必须有两名女同学。

5.年级跑操比赛。在天气允许的情况下，学校常年组织课间跑操活动。跑操是每一个同学的义务，在跑操过程中，各班队伍整齐，步调一致，口号响亮，展现出各班的精神风貌。为了表扬先进、激励后进，学校每学期在各年级都会组织跑操比赛，通过对各班平时跑操情况的检查记录，评出跑操优秀班级进行表扬。此项比赛贯穿于日常跑操过程中，全体同学和班主任参加，是学校唯一不组织比赛仪式的比赛。

（三）开展课外活动

实现体育课程目标仅仅依靠课堂教学是不够的，因此，我们要树立大课程观，将体育课堂学习与课外体育活动结合起来，全面有效地实现高中体育课程目标。山东师大附中根据实际情况，将课外体育活动的安排自主权交给各班，各班班主任和同学们结合学校的要求、场地、课时等各方面情况，具体安排自己的课外活动，组织如体育游戏、舞蹈、跳绳、踢毽子、乒乓球、羽毛球、投篮、下棋（象棋、围棋、国际象棋）等活动，有效保证了同学们每天一小时的体育锻炼时间，增强了大家的体质，充分调动了同学们参加课外锻炼的积极性。同时，在活动中班级同学与老师（班主任、任课老师）通过体育互动，增进了师生情感，有利于建设健康和谐的班级文化。

需要指出的是，班级组织课外活动要严肃认真，全体同学应该积极参与活动的设计与组织，让活动既体现体育竞技性和趣味性，又体现育人功能；要让每位同学都能够参与到活动中来，体会到活动的乐趣，使自己“动有所获”。

班级组织活动应遵循以下几个原则：

1.教育性原则。在课外活动中，同学们应有意识地不断强化自我的组织意识、时间意识、纪律意识、合作意识和规则意识。

2.科学性原则。活动的组织要遵循学生的身心发展规律，从实际出发，合理地安排课外活动的内容。

3.全体性原则。活动要充分发挥师生的积极性和创造性，要使全班同学参加活动，达到全体健身、全员愉悦的目的。

4.规范性原则。建议活动的组织实行“三定一反馈”制度，“三定”即“定时间、定地点、定内容”，“一反馈”则是指每次活动都要将详细内容记到活动记录本上，便于在期中、期末开展总结交流。

5.安全性原则。有些体育活动存在一定的危险性，在活动的组织与实施过程中，要加强安全教育，防止和避免活动过程中意外事故的发生。

准备活动是调整身体功能状态的有效方法，能够缩短身体进入运动状态的时间，防止运动性伤病。运动前做好准备活动，可以增加肌肉和韧带的力量与弹性，提高神经系统的兴奋性，加快血液循环和物质代谢，使人体从相对安静状态逐步过渡到运动状态。不做准备活动或准备活动不充分，活动中容易造成岔气或肚子疼。

整理活动能够帮助同学们从运动状态过渡到安静状态，常见的整理活动方法包括放松跑、走路、肌肉拉伸等。这些练习有助于机体由紧张的运动状态逐步过渡到静息状态。剧烈运动后一定要进行整理活动，不能立即坐下或躺下，否则会引起重力性休克。

在课外活动中，同学们可能会碰到一些突发情况，下面简要介绍一下常见的意外情况的预防和处理措施。有的同学在活动中可能会肌肉痉挛，也就是我们通常说的抽筋。抽筋是运动中大量出汗使体内的电解质随汗液大量流失所致。为了避免运动中发生肌肉痉挛，可在运动前对容易发生痉挛的肌肉适当按摩，夏季运动出汗时要及时补充水、盐和维生素，冬季运动要注意保暖。解除肌肉痉挛可采用牵引痉挛肌肉、局部按摩和点穴等方法。

在运动中如遇到扭伤、挫伤等非开放性伤害应立即实施冰敷（或者冲冷水），减缓伤痛，防止内出血；如遇到擦伤、割伤等开放性伤害应立即到学校卫生室处理伤口；如遇到脱臼、骨折等伤害，应尽可能保持伤肢于伤后位置，不要任意牵拉或搬运病人，及时拨打“120”急救电话，等待专业医护人员的救援。

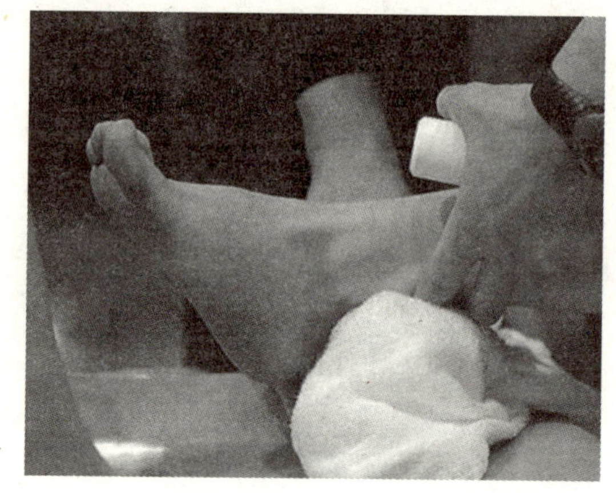

患有哮喘的同学应避免在寒冷而干燥的天气下运动，冬天应尽量在室内进行运动，在户外时可用口罩遮盖口鼻，减少对呼吸道的刺激。如遇哮喘患者在活动时发病，应尽快停止活动并吸入两口舒缓喉部肌肉的喷雾剂，如果在10~15分钟内病情未得到改善，应立即送医就诊。如果遇到身边的同学在活动中晕厥，要让晕厥的同学平卧，头低足高，保证脑组织有尽可能多的血液供应量，放松紧领的衣服，确定气道是否通畅；如发现有呕吐，应将其头部转向一侧，防止呕吐物堵塞呼吸道，并测定其呼吸和脉搏，如意识迅速恢复，应该让其在休息几分钟后起立并留心观察几分钟。预防晕厥的方法是坚持科学系统的训练，提高心血管机能，饥饿或空腹时不宜参加运动，长时间运动要及时补充糖、盐和水分。

如果遇到身边的同学在活动中发生癫痫，应迅速移走其身边危险物体，以免抽搐时碰撞造成外伤。让发生癫痫的同学就地平卧，解开领扣和裤带，头位放低，偏向一侧，便于唾液和分泌物由口角流出；使用毛巾等物垫于其上、下臼齿之间，防止咬伤舌头；抽搐时不可用力按压肢体，以免造成骨折或关节脱位。密切观察病情，保持环境安静，癫痫发作时病人意识丧失，不可强行喂水、喂药，以免误吸入呼吸道，引起窒息或吸入性肺炎。癫痫发作一般在5分钟之内就会自行缓解，如出现癫痫持续状态，应立即拨打“120”急救。

第二节 培养健康的兴趣爱好

兴趣是一个人对某种事物或从事某种活动所表现出来的积极、热情和肯定的心理倾向，是引起和保持注意、参与及认识事物的一个重要的内在因素，是推动人们去探求新事物、研究新问题，从而形成一种创新意识与能力的精神力量。兴趣不是先天的，而是在需要的基础上产生的。需要是行为最本源的动力，人们总是对与需要相关的事物感兴趣。学习兴趣来源于求知的需要，而求知欲、好奇心和热爱美好的事物则是人的天性。

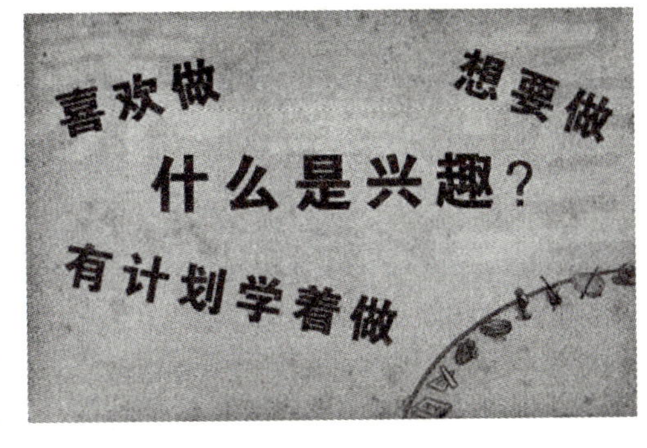

兴趣对人所从事的活动具有巨大的推动作用。由于兴趣不只是关心某种事物的表面，而是人的一种积极探究某种事物的认识倾向，因此，兴趣一经形成，便会磁石般地吸引着人们去认识和参与某种活动。而对于学习来说，学习兴趣是同学们能否积极、主动、自主学习的重要心理因素。这种心理因素是一种十分重要的内趋力，是同学们持续学习的最稳定的动机。

我国的教育方针是培养德、智、体、美、劳全面发展的学生，这五个方面全面发展的学生才可以被称为品学兼优的好学生。每位同学都应该利用高中三年的美好时光，修养自己的品德，提高自己的知识水平，培养健康的兴趣爱好，努力让自己成为一名合格的、社会需要的人才。

健康的兴趣爱好，如在体育、音乐、美术、书法、写作等方面的兴趣爱好，对同学们的学习本身会有很大的促进作用，同时也是同学们自我调节身心的一条通道。进入高中后，大家学习压力大，心理负担重，有些同学极易产生烦闷的情绪，时间一长，容易诱发厌学心理。这时候可以通过做自己喜欢做的事情，参加体育活动或者艺术活动来排解和释放压力，调节自己的紧张情绪。所以，健康的兴趣爱好是我们受益终身的精神财富。

兴趣因人而异，不同的人可能会有不同的兴趣。学校开放包容的校园文化，允许每位同学拥有健康的、积极向上的、不妨碍他人的兴趣爱好。同时，作为附中的学子，学校要求全体同学对读书、体育和艺术方面具有共同的兴趣爱好，并通过组织相应的活动致力于提高同学们的阅读水平、身体素质和艺术鉴赏力。同学们，高中阶段是我们一生中绽放激情、青春飞扬的时代。学校为每位同学提供了展示自我的舞台，让我们把握机会，全面发展自我，谱写自己绚丽多姿的青春时代!

一、积极参加读书活动

(一)培养读书兴趣

书，是瞭望世界的窗口；书，是知识的源泉；书，是人类进步的阶梯。开卷有益。读书，让我们获得知识；读书，让我们紧跟时代发展的步伐，成为时代的弄潮儿。

古人云：“书犹药也，善读之可以医愚。不吃饭则饥，不读书则愚。”读书能帮助我们通古今晓四方，能增长知识、开阔眼界，能明白事理、增强能力。“多读书”不是一句口号，同学们只有落到实处才会发现读书的意义。同学们在学生时期可以配合各个学科而进行课外阅读，扩大学科的知识面，加深对学科知识的理解，提高对学科知识的认识，进而准确牢固地掌握学科知识。

多读书可以使人从无知到有知，从有知到深知，可以陶冶情操、修身养性。读好书可以使人更加理智，不为喧嚣繁杂的事情所干扰，不为一时的得失而计较。腹有诗书气自华，徜徉在笔墨书香中，你会摆脱自己内心的焦虑、恐惧和寂寞，释然超脱胸中的积郁，达到淡泊宁静、自信从容的心境。

多读书可以让我们指尖文采飞扬，心中灵感涌动。从眼前看，作为高中学生，能说会写是大家语文高考必须具备的基本能力。“读书破万卷，下笔如有神。”书读得多，驾驭文字的能力自然增强，写作文时就会文思泉涌，一气呵成。相反，不读书或者读书少的同学，写作文时言之无物，无从下笔，生硬干涩，难以写出好文章。从长远看，同学们可以把读书写作作为自己的职业规划选择，为自己的未来积累宝贵的文学修养。

英国首相丘吉尔曾经这样评论读书：“最有益的消遣方式是读书，千千万万的人都能从丰富多彩的阅读活动中找到精神慰藉。”黑发不知勤学早，白首方悔读书迟。精力充沛的高中时代是读书学习的最好时光。同学们，让我们手捧一本书，享受读书吧!

（二）养成读书习惯

培根说："习惯是一种顽强而巨大的力量，它可以主宰人生。"所有的惯以不可见的程度积聚起来，如百溪汇于川，百川流于海。习惯的养成有一定的困难，难就难在坚持。有的同学从小就养成了读书的习惯，有的同学直到如今还徘徊在书的海洋之外。有人将读书比喻成喝咖啡，爱喝咖啡的人，说咖啡香浓；不爱喝咖啡的人，说咖啡苦涩。同是一杯咖啡，为什么会有两种体会呢?原因在于习惯不同。具有读书习惯的人，拿起一本书能品出其韵味，读起书来自得其乐。没有读书习惯的人就如同不会品咖啡的人一样，只知其苦，不知其乐。

有的同学可能会说："课业负担重，我没有时间读书。"或者："学好学科知识考试一样得高分。"其实这些理由都是在欺骗自己，使自己心安理得地不去读书。所谓"冰冻三尺，非一日之寒"，长此以往放松对自己的要求，就无法养成读书的好习惯。

时间就像海绵里的水，只要你愿挤总还是有的。读书与学习考试是相互促进、相辅相成的。我国著名语言学家吕叔湘先生曾说："从某种意义上说，一切技能都是一种习惯。凡是习惯都是通过多次反复的实践养成的。"专家研究发现，21天以上的重复会形成习惯，85天的重复会形成稳定的习惯。所以，现在还没有读书习惯的同学，首先要强制自己坚持读书，每天拿出一定的时间坚持读书，坚持到底一定能养成读书的习惯。习惯成自然，便会懂得读书的乐趣。

著名教育家叶圣陶先生说过："有两种习惯，一种是好习惯，一种是坏习惯；保留一种坏习惯会使人终身受害，养成一种好习惯可使人终身受益。"读书的习惯也有好坏之分。有的同学读书凭兴趣，一味猎奇，沉醉在故事和情节里不能自拔；有的同学读书缺乏目的性和计划性；有的同学对书良莠不分，对低级、下流的书籍趋之若鹜，深受其害。这些不良的读书习惯对学生发展并无帮助。相反，由智慧养成的习惯，能成为第二天性，使人受益匪浅。培养自己良好的读书习惯，诸如读书有明确的目的、严谨的态度、合理的计划和科学方法，会使同学们获益良多，收

获颇丰。

1.养成目的明确的读书习惯。书籍浩如烟海，读书人仅是一叶扁舟，盲目读书，会使人迷失方向。现如今书的种类实在太多，高中阶段的时间也有限，所以阅读一定要有目的性和选择性。

学校的任课教师们会根据学科知识的需要、同学们的兴趣爱好和阅读能力，向同学们推荐不同的书目，并指导同学们吸收不同书籍的优秀之处。比如读富有教育意义的名人传记时，会让同学们学习书中人物的精神品质，感悟书中的深刻道理；读优秀文学作品时会引导同学们积累文中的好词佳句，背诵优美片段，学习作者的写作方法；读科普类作品时，会让同学们联系生活，注意观察，做到学以致用。每到假期，老师们还会推荐一些书目让同学们集中时间阅读，做好读书笔记，深入思考把握文章，写成读书心得。同学们如果能够按照学校和老师的要求，认真阅读推荐的相关书目，不断积累阅读量，就会逐步提高对文章的理解和把握能力，锻炼提出问题和分析问题的能力，建立读书的成就感，产生读书的兴趣，进而养成自己擅于选书、读书的习惯。

同学们正处于人生观、世界观和思维理解的形成时期，思想波动比较大，所以选择一些公认的好书来读会培养稳定的思维品质。例如，多读一些历史著作可以丰富自己的人文内涵，多读一些人物传记可以激励自己的思想、历练自己的品格，多读一些世界名著可以丰富自己的情感，多读一些基础哲学和美学方面的著作可以培养自己的思维能力和审美能力。

2.养成态度严谨的读书习惯。读书的目的不同，我们采取的读书态度就会不同。有些书可以使我们增长知识，那就要读得认真、仔细；有些书可以使我们消遣娱乐，我们就可以读得轻松、自由。真正的阅读是要通过自己独立的思考、精细的研究和探索，从茫然无措到茅塞顿开，从知之甚少到知之甚多，从一知半解到心领神会，由此得到阅读思维和品质上的提高，这才是我们应该有的严谨的读书态度。

3.养成计划合理的读书习惯。高中生活的每天都安排得很紧张，所以合理地安排时间进行有计划的读书对于大家来说尤为重要。我们可以每天拿出20分钟的时间去读书，有的同学会觉得20分钟太短了，殊不知，积少成多，所以我们应养成利用一切闲暇零碎时间读书的习惯。古今中外的名人总结的读书方法很多,例如欧阳修的“读书三上法”和董遇的“读书三余法”,“三上”是指“马上、枕上、厕上”,“三余”是指“冬者,岁之余也;夜者,日之余也;雨者,月之余也”。这两种读书方法告诉我们时时处处皆可读书。有人问达尔文:“你一生怎么做了那么多的事呢?” 达尔文答道:“我从来不认为半小时是微不足道的很小的一段时间。”时间的利用也要讲究科学性。一般来说,上午八点到十点和下午三点到六点是大脑学习效率最高的时间,晚上八点至十点是有效时间,而中午一点左右学习是效率最低的,所以一般晚上抽一点时间读书较合适。

有了时间的保障,有计划地读书才成为可能。由于平时学习生活的规律性很强,因而指定计划的期限可以是一个学期,也可以是一个月,甚至是一个周。在短时间的读书计划中可以有针对性地选择和课文相配套的《高中语文读本》或一些质量较高的杂志来读,比如《读者》《青年文摘》。寒暑假则可以选择一些长篇的著作来读。但不管怎样安排,都应切实可行,不流于形式。

4.养成科学有效的读书习惯。好的读书方法可以起到事半功倍的作用,有利于提高读书的兴趣,促进更深层次的阅读。下面介绍几种方便有效的方法,希望同学们学习掌握并实践,以期养成科学读书的习惯。

泛读就是广泛阅读,指读书要广泛涉猎各方面的知识,以博采众家之长,开拓思路。精读是指细读多思,反复琢磨,边分析边评价,务求明白透彻,以便吸取精华。例如对名篇佳作只有采取精读,细细咀嚼文章的“微言精义”,才能“愈挖愈出,愈研愈精”,可以说,精读是最重要的一种读书方法。通读是从头到尾阅读,通览一遍,意在了解全貌,以求一个完整的印象,取得鸟瞰全景的效果,对比较重要的书报杂志可采取这种方法。跳读是一种跳跃式的读书方法,抓住书的筋骨脉络阅读,重点掌握各个段落的观点,有时读书遇到疑问处,也可以采取跳读法。

速读是一种快速读书的方法,也称为扫描法。此种方法一目十行,对文章迅速浏览一遍,只了解文章大意。这种方法可以加快阅读速度,扩大阅读量,适用于阅读同类的书籍或参考书等。与速读相类似的是略读。略读是一种粗略读书的方法，阅读时可以随便翻翻，略观大意，也可以只抓住评论的关键性语句，弄清主要观点，了解主要事实或典型事例。

有价值的书刊不能只读一遍，需要重复阅读，温故而知新。著名思想家、文学家伏尔斯泰认为“重读一本旧书，就仿佛老友重逢”。

古人有“不动笔墨不读书”之说，读书要与做摘录、记心得、写文章结合起来，手脑共用，不仅能积累大量的材料，而且能有效地提高写作水平，增强阅读能力，将知识转化为技能和技巧。

（三）读书伴我成长

山东师大附中是山东省规范化学校，师资力量强，学习、读书氛围浓厚，学校每年组织学生参加各类主题演讲比赛、语文素养大赛、全国作文大赛等活动，激发了学生读书的热情，展现了他们读书的风采和成就。附中学子每年都在全国各级演讲和大赛中斩获佳绩，为自己、为学校赢得了荣誉，这和他们平时热爱读书、勤于思考、敢于展现是分不开的。读书成为他们生活学习中不可或缺的一部分，也为大家的高考冲刺保驾护航，使他们顺利考入理想的大学。我们期待每一位同学都能加入到读书队伍中来，积极参加学校组织的各项比赛活动，在书籍的滋养下快乐生活、健康成长。

我们摘选了一篇典型的文章，希望同学们认真阅读，从中体会什么叫“读书伴我成长”。

高考语文148分是这样炼成的

2013年北京考生　孙婧妍

一、关于读书

阅读，应当是人最早的本能动作之一。阅读始于识字之初，甚至是识字之前，每个人在孩提时期都有指着街上的广告、商铺招牌上的字认读的经历，这就是阅读的雏形。所有学生都是读书的，而语文素养的区分，在于读什么、怎么读、能不能坚持。

一本言情小说、一本参考书、一本名著，都是人类智力与体力的凝结，读它们都可以称为读书。但一个有素养的学生应该能够区分出三者的区别：言情小说或许能够给人一时愉悦，看过以后却什么都不会留在记忆里；参考书对于升学固然有用，然而高考后也会迅速地被忘诸脑后；经典名著给人的影响则是永恒的、无法磨灭的，阅读名著得来的思考与精神洗礼，很可能会伴随人的一生。如果能够清楚地分辨书籍的时效，那么我相信，每个人都能够做出正确选择。

在选择了正确的书后，阅读方法就成了读书的又一考量。再好的书如果只是利用挤公交的时间哗啦啦翻过去，那么从书中汲取的养分必然是微乎其微。至少就我的阅读体验来看，一本好书至少值得阅读两到三遍：第一遍略读，以满足自己的阅读兴趣并了解书的内容与结构；第二遍精读，以摘抄把握整本书的布局以及其中一些巧妙的铺垫与伏笔；如果还能再读一遍，我就会抽时间写一些类似专题研究的心得，比如对整本书思想的一个探讨，或者对书中某种表达的质疑。只有当你抱着学习的心态去品味、去研究、去思考甚至去质疑书本时，它于你才算得上有意义。

读书是一件精细而持续的事情。与填鸭般在假日里一天读十本书相比，培养细水长流的读书习惯无疑更为重要。读书的目的不在快、不在多，而在于从书中汲取营养，在于通过整个阅读过程修养一颗宁静而富有感知力的心灵。我从小学学会选择正确的书开始，阅读的习惯在十年里从来没有一天间断过，我读名著，读国学经典，读诗歌，读历史，读哲学文学的理论，读时事。如果没有纸质书就用电脑、手机，每天短则二十分钟，长则十余小时。在高考前的那个学期，为了保持语文学科的感觉，我每天至少要抽出一个小时来读书，教室后面的窗台上堆满了我带到学校的各类书籍，有时候抽出一本会造成大规模的坍塌，尼采压在泉镜花上，紫式部淹没在赫胥黎、刘勰和纪伯伦里。

阅读实在是一个太有益的习惯，即使是抱着功利的目的，如果能因此潜下心去读书，也是大大的好事情。读书多了，就会培养出语感。语感是一种只可意会的东西，你叫一个有语感的人去做卷子，他或许并不能清楚地告诉你那些字词的正确读音与写法，也没法给你讲出阅读题的答案为什么该是这个，因为他做题目凭借的不是系统的训练与大量题目的积累，他没有那种足以归纳成经验的东西。但是，他一定能做出最正确的答案。这就是语感。

为什么说读书能够培养语感呢？这是因为世界上的任何一本经典都是时间沉淀下来的精华，其中的遣词表达都是作者反复琢磨过的。当一个人见多了经典、熟悉了经典中语言的运用方式，再回过头去做题时，很容易便可在密密麻麻的试卷上找到正确的东西，因为他一直以来都在阅读着那种语言的“正确”。学英文时我们讲究读原著，是同样的道理。没有什么比读书更能培养语感，没有什么比语感更能保证分数，这就是阅读最为显性的益处。

二、关于写作

说完阅读，接下来必然是写作。阅读与写作简直是玻璃的两面，无论你看着哪一面，都意味着你也正在凝视另一面。我喜欢写作也擅长写作，所以不管从哪个方面来讲，这个版块我都很有的写。

对于高中写作，也就是以应试为目的的作文，我的建议只有六个字：多读、多仿、多写。

从阅读与写作的关系来看，读书多的人绝大部分是会写作的人，而一个能写出很好的作品的人更不可能不爱读书。这只因在看了足够数量的文化精品后，哪怕只是东家模仿一点、西家拼凑一点、再加上一点点自己的领悟与润色，最后拿出来的成品，也足以令许多人拍案叫好。

我写作的一个特点是引用多。高三下学期语文老师的女儿为我们班的期中作文写点评，她数了我54分的作文里引例接近二十个，有直接引用，也有化用。这些引例都是我平时从阅读中积累下的东西，也就是说在一千一百字的篇幅中我每写五六十个字就会用到我的阅读成果。

这里我想到一个很有趣的现象，一篇作文里同样是大量引用，有人的作文会被评价为“丰富”，有人的作文则是“杂乱”“堆砌”。为什么？我觉得这是对作文中所引用的内容理解程度的差异造成的。同样的东西，有的人是在阅读中看到、研究并思考过的，有的人是从类似《高中生议论文论点论据大全》中看来的；前者是深入理解，后者则只得了个皮毛。

比方说，同样引用尼采，有的人写“尼采，这个伟大的哲学家教会我一种高贵的精神”；而有的人直接引用他的作品《苏鲁支语录(查拉图斯特拉如是说)》写道：“‘太阳！若无你所照耀之物，你的光辉为何？’，由是开始了苏鲁支的堕落，亦开始了尼采在这世间无止境的追求。他像苏鲁支一样为世界奉献着他的热爱与智慧，也像苏鲁支一样不断经受着世俗的冷笑与中伤。尼采，这个‘疯子’、这个智者，从来没有放弃，也没有停止过他的追寻。”孰优孰劣，不言而喻。

阅读对于写作而言还有一个好处，那就是提供模仿的条件。

我最早开始写东西，正是始于阅读中的模仿，不管是何种作家，只要我觉得好，我就会按他的风格仿写。小学时我就开始有意识地在我的作文中学习一些冰心儿童文学奖获奖者的写作风格,后来读的书更多也更杂,我能记起来自己模仿过的作家有鲁迅、夏目漱石、郭敬明、村上春树、钱钟书、杜拉斯、三毛……还有一些恐怕是忘记了。我还自己写古典诗词,甚至模仿司马迁为自己写了一篇文言文小传。

在模仿这些个性鲜明的作家的过程中,我慢慢开始有了自己的风格。我是怎么发现这一点的呢?这得归功于我的嗜好:那就是写了点什么就想给人看。以前我写的东西,大家看完后会说"这次是模仿××的吧",后来,他们的评价逐渐转向了文字本身,直到某天我惊觉已经很长一段时间没有人对我说我是在模仿某某作家。最后,一本文集里如果有我的作品,大家会说"一看就是孙婧妍写的";我的作文混在一堆作文中装订起来,老师会知道哪篇是我的;我在网上发些文章,评论里会有很多说我写的东西有风格。

到这时我就知道,这是我写作的第二个阶段了,从模仿走向创作。写东西写得好,与其说是天赋,倒不如说是熟能生巧,就像做饭、洗衣服、开车一样。我现在写文章很少构思或查证,笔到文来,半小时之内在电脑上完成千来字的短文对于今天的我来说根本不叫事。但这背后是我从初中起每天不间断的练笔:初一是每天当作业似的逼出三五百字,到后来越来越喜欢,课间也写、午休也写、回宿舍也写、上课趁老师不注意偷偷写,每天能写一两千字,假期还能翻好几倍。这些练笔大多没有特定内容,写完了我也不回看,大部分都直接进了垃圾桶,练笔就是为了保持手感。后来写得多了、好了,越来越多的人找我写东西,网站、学生办的杂志、校刊等,我很少拒绝,因为反正写什么我都喜欢。"春蕾杯"征文一等奖、高考满分作文、登报登刊文章都是这么一点点练出来的。

最后要说的是,大家要学会自我分析作文。我不会写那种标准的议论文,但高考作文写议论文会比较稳妥,怎么办?我分析自己写东西的习惯,我不擅长说理,结构不够简明,但我的文笔好,同时有着丰富的阅读积累。最后我找到一条适合自己的路,就是文言议论文或者议论性散文。文体里没有这两个分类,我是自己创造了这两个词。这两类文章都有一个特点,就是我可以用我的语文功底去掩盖我理性思维的不足。

作文是很灵活的东西，当判卷人看到你能用文言文不出错地写一千多字，或者你的语言像诗歌和散文一样漂亮时，他对议论本身的标准就会有所放松。作文考的归根结底是文学水平而不是议论水平，换言之，只要你能体现出你的水平高，实在不必太拘泥于文体与所谓的标准。高考前我拿着自己高三下学期的作文看，二十多篇教师打过分的作文中我拿到50分以上的至少有二十篇，其中有一篇满分，还有不少55分、58分。这就是最好的证明。

三、关于具体题目

在具体的试卷题目上，我反而是没有太多好说的了。因为一方面我认为方法是很个人的东西，我把我所有的做题习惯告诉另外一个人，他去照着做也不会变成第二个孙婧妍，也许他会发挥得比原本还不好；而另一方面是我认为任何东西只要有了套路就会僵化，如果今天我在这里说多了我认为怎样答题好，那么反而会限制住一些更好思路的出现。所以我不打算多说。

我只是想谈谈我们该透过试卷上的文字看到什么，我拿试卷中分值最大、拿分也最难的阅读部分举例。

首先要明确的是，文章这种东西不管是何种题材、何种长短、何种文体，归根结底完全就是四个字：含道映物。在这里我把“道”理解成作者想要表达的本意，也就是他的写作目的；而“物”是他的文章本身，包括他的一切语言组织形式和他在文章中运用的物象。含道映物，也就是说作者是带着他的目的去写这篇文章的，文章里的一切都要为这个目的去服务，都是这个目的的映像。明确了这一点，等于直接抓住了阅读题的答题技巧——无论是手法或作用分析、画线句赏析还是含义理解，都属于对“物”的发问，而我们要做的事则非常简单，就是找到作者的“道”。

随便举一个例子：鲁迅的短篇小说《药》中，开头那段环境描写简单却很经典，现在我们来看这个环境描写的作用。遇到这种题我一般不会去想辅导书上教的那些东西，如果我们一看到“分析环境描写作用”就去记忆中找辅导书上列出的一二三四五，一般能拿到平均分，但一定会丢落要点；而平均分是没法让你和其他人拉开差距的。这时我们带着“含道映物”这几个字去看鲁迅的“道”。他写环境也好、华老栓等人物也罢，目的都是为了歌颂为革命牺牲的夏瑜，他是在支持革命、批判当时的反动派，同时用他的笔去揭露封建环境下人们的愚昧无知与贪婪残忍。当你明确了他的写作目的后，那段环境描写的作用就很清楚了：暗示时代大背景，揭露反动派嘴脸，突出群众的愚昧与麻木，为后文做铺垫，蕴含对革命的希望。

所有的阅读题都是一个思路，而语文试卷上的绝大多数题目，它们的解答思路和这种阅读题并无两样。只要明白了出题人想考查什么，根据他的目的，很容易便可做出解答。

答题，可以有经验，但不应该有固定的模板。如果你对于不同的试卷都用相同的模式去解答，战战兢兢地计算着自己能得到的分数，那么你就太被动了，"标准答案"几个字完全框住了你。我觉得作为学生应该跳过从答案分析题目的被动阶段，转而从题目本身出发来寻找答案。只要仔细去寻找，就一定可以从题目的蛛丝马迹中找到出题人想要的东西，给他那个东西，你就是高分。

一切试卷都是对学生能力的考查，而不是对标准答案的复制。所以，解答试卷时应该尽可能地体现能力，通过答案去和出题人、判卷人交流，让他们知道你明白他们的"道"，也就是他们要考查什么。对于一份这样的卷子，没有一位判卷老师会不给你好分数。

(选文有删减)

二、积极参加体育锻炼

第二章第三节提到的积极参加体育活动，是倡导同学们积极参加学校的体育课程、体育比赛以及班级组织的课外活动等集体活动。本节讲到的体育锻炼，侧重于引导同学们自我培养对体育运动的兴趣爱好，养成自觉、主动运动的习惯，提高自己喜好的运动技能。

(一)培养运动兴趣

同学们知道，有兴趣才会有意愿，有意愿才会有行动，有行动才会有效果，对于身体锻炼也是如此。在有些同学心里，传统的教育思想根深蒂固，重智轻体，认为只要学好语、数、外、理、化、生才是正道，体育锻炼可有可无，体育成绩的好坏不影响毕业和高考；有的同学是自负心理，认为自己成绩好，靠成绩赢得名声，忽略体育锻炼；有的同学是自卑心理作祟，认为自己成绩差，体育改变不了形象，反而易使人误解；也有的同学因为没有爱好特长，不愿意在他人面前表现而导致不愿意参加体育活动。凡此种种，都是影响我们热爱运动的主观因素。因此培养对体育的兴趣首先要改变自己的认识，要认识到体育对于个体而言短期和长期的益处。

毛泽东认为：体育之效，第一强筋骨，第二增知识，第三调感情，第四强意志。他进一步指出“筋骨者，吾人之身；知识、感情、意志者，吾人之心。身心皆适，是谓俱泰”。毛泽东把人为什么需要体育锻炼阐述得明明白白。体育文化讲究身与心的和谐健康，充分体现了中国文化的特色。

毛泽东在《体育之研究》里认为搞好体育活动，无论是个人还是团体都要做到：自觉、有恒、有趣。体育锻炼须自觉自愿。“坚实在于锻炼，锻炼在于自觉”。锻炼是强身之本，只有坚持锻炼，才能强健体魄；从国家民族大局而言，可以达到富国强民之目的。体育无疑是好事，可是这一切必须是在自觉的基础上，任何形式的强迫命令是没有用的，这是一种讲究从务虚到务实、虚实结合的体育思路。

凡事皆宜有恒，运动亦然。有恒才能达到体育之功效，因此同学们要持有一种终身锻炼的思想。有趣才能让体育有吸引力。“兴味者运动之始，快乐者运动之终，兴味生于进行，快乐生于结果。”有锻炼的兴趣，才能在锻炼中获得良好的体验，才能产生快乐。同学们应该在体育运动中发现锻炼的乐趣，从而自觉带动锻炼的积极性，才能为坚持恒久的锻炼提供保障。

在不爱好体育、不愿意参加体育锻炼的种种理由中，除了懒惰，其他理由大概都不成立。愿每位同学都能正视自身的条件，克服惰性，战胜惰性，做一个昂扬向上、充满正能量的中学生。

（二）养成运动习惯

有一句口号是这样说的：每天锻炼一小时，健康工作五十年，幸福生活一辈子。每天锻炼一小时，是倡导同学们养成终身锻炼的良好习惯。每天锻炼一小时，说起来容易做起来难，这是对我们意志的一种考验。同学们，事业和生活的保障在于有没有高尚健康的人格、持之以恒的毅力、敢于冒险的胆识、与人沟通的能力以及良好的身体素质。我国中小学生的体质近二十年来一直走低，青少年体质健康状况堪忧，引起了社会各界的高度关注，而学生体质差的一个关键原因就是体育活动量严重不足。国家规定学校要全面实施《学生体质健康标准》，明确要求学生每天锻炼一小时，达到《学生体质健康标准》及格等级以上，并掌握至少两项日常锻炼的体育技能。

当今时代，人类以更加理性的态度和更富有诗意的情感，来看待每一个生命体的珍贵历程，拥有健康才能拥有幸福生活。在现代人的理念中，健康已经成为幸福的同义语。只要我们养成良好的运动习惯，关注健康，提高自我保健意识，就能长寿、幸福安康。

文理状元爱好体育，学霸多为运动达人

随着各省市高考状元的陆续揭晓，“学霸”们的成功秘诀成为外界关注的热点。值得注意的是，喜欢运动甚至有一两项运动专长的高考状元已经不是凤毛麟角。

把一部分时间花在体育运动上并没有造成学习成绩下降，高考状元们用自己的成绩证明体育与文化学习并不矛盾。身边的同学评价这些热爱体育的高考状元时，几乎都会用到开朗、乐观这样的形容词。这些高考状元常年参加体育运动，以体育精神塑造个人品质，无疑对提高学习能力和学习效率起到了促进作用。江苏省的理科状元蒋婧煜，平时爱打乒乓球。打乒乓球对蒋婧煜的一大帮助，就是“发泄”掉不良情绪。有时，她对着墙一次就打几百下，蒋婧煜在接受江苏媒体采访时说：“这都是我调节情绪和心态的方法。”河南省理科状元祝乐，在老师和同学们的眼里，是个“努力学习、永保第一”的优等生，而祝乐最大的业余爱好就是运动。在运动中，祝乐对自己的严格要求有更直观的体现，据学校老师介绍，“学校每天早上跑操，别的学生一般跑两圈就回教室了，而祝乐每次都多跑一两圈才回教室。晚上回到宿舍，他还要练一会儿俯卧撑再休息。”

学生体育活动量的不足往往与升学压力大、体育活动在很多时候只能给文化课学习让路的现实有关。北京一名高中生家长向记者表示，从家长的角度看，不是不知道孩子的身体素质和体育运动的重要性，但当身边别的孩子都在埋头苦学的时候，谁还敢让自己的孩子把有限的业余时间花在学习之外的事情上呢？

南京理工大学动商研究中心王宗平教授表示：“其实，这些疑惑是建立在‘重智轻体’的基础上的，这也是中国

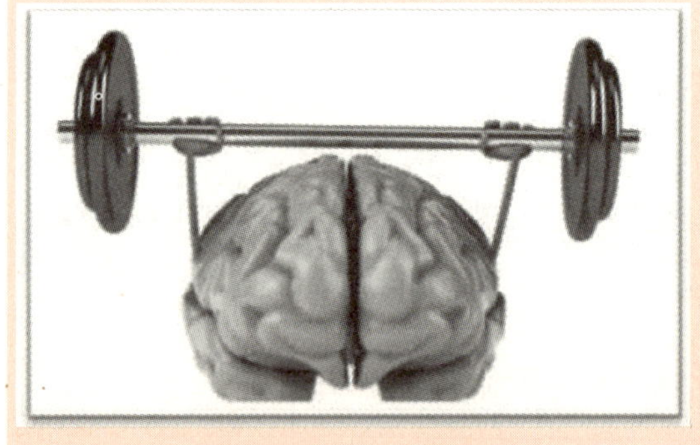

教育观念长期以来的一个误区，几乎所有的家长、老师和学生都把高考归结于文化学习的竞争，却忽视了体育运动。可以毫不夸张地说，正是喜欢体育运动的高考状元在10个小时的文化学习时间中抽出了1个小时用于体育运动，激活了他们的身体，让血液流得更快，精神更加饱满，学习效率反而更高，这就是人们常常挂在嘴边的'1+1>2'的道理。从这个角度来说，动商促进了高考状元的产生。"

科学界对青少年参加体育运动与实现智力开发的互促作用早有定论，王宗平表示，不参加体育运动的学生，学习容易遇到"瓶颈"，也就是如果不开发身体机能，智力发展容易产生"天花板效应"。一个人智力发展最迅速的时期是在6~16岁这个阶段，在这个时期经常运动，有助于智力发展。体育活动还常常涉及选择、计划和解决问题等思维活动，因此可以说"运动能够促进大脑的发展"。

看完上述阅读材料，同学们是不是感慨万千？思想在我们的大脑里，腿长在我们的身上，只要我们想运动，总能抽出时间，总能想出办法，总能处理好运动和学习的关系，每天抽出点滴时间锻炼，享受运动的快乐，感受运动带来的愉悦，放松自己，轻装上阵，才能高效学习！

（三）掌握两门技能

加强体育锻炼的根本目标在于提升自身的身体素质和体育技能。身体素质偏弱的同学，应该自觉加强锻炼。越喜欢锻炼，身体素质会越好，有了良好的身体素质，协调性、柔韧性、灵活性和耐力性就会越强，掌握体育技能就会成为易事。

2014年，山东省教育厅等六部门联合印发了《山东省学生体质提升计划(2014—2018年)》，提出：让每个学生掌握至少两项体育运动技能，养成参加体育锻炼的习惯；学生体质健康水平逐年提高，到2018年全省大中小学生国家学生体质健康标准合格率达到90%以上。依据《国家学生体质健康标准》，加强大中小学生体质健康数据测试工作，将学生体育学业成绩和体质测试结果记入学生体质档案；高中、高校要将学生体育学业成绩和体质测试结果作为招生录取的重要依据；加强大学生体育考核评价制度改革。

《国家学生体质健康标准》中规定的检测项目，高中阶段包括50米跑、立定跳远、坐位体前屈、男子引体向上/女子仰卧起坐、男子1000米跑/女子800米跑。每个项目的得分在90.0分及以上为优秀，80.0~89.9分为良好，60.0~79.9分为及格。学生测试成绩评定达到良好及以上者，方可参加评优与评奖；成绩达到优秀者，方可获体育奖学分。测试成绩评定不及格者，在本学年度准予补测一次，补测仍不及格，则学年成绩评定为不及格。普通高中、中等职业学校和普通高等学校学生毕业时，《标准》测试的成绩达不到50分者按结业或肄业处理。

初中、高中、大学所测项目相同，等级成绩要求越来越高。同学们在初中学段就参加过这些项目的测试，现在要继续加强锻炼，争取高中阶段在所有项目都达到良好的基础上有两个项目取得优秀成绩，这样基本上就可以自豪地说自己的身体素质比较优秀，并且还掌握了两门技能。

下面表格是高一年级各项测试的标准，请同学们以此为参照，督促自己，每天积极主动地加强锻炼，争做运动达人。

高中一年级男生各测试项目评分标准

等级	单项得分	1000米(分·秒)	50米跑(秒)	立定跳远(厘米)	引体向上(次)	坐位体前屈(厘米)
优秀	100	3′30″	7.1	260	16	23.6
	95	3′35″	7.2	255	15	21.5
	90	3′40″	7.3	250	14	19.4
良好	85	3′47″	7.4	243	13	17.2
	80	3′55″	7.5	235	12	15.0
及格	78	4′00″	7.7	231		13.6
	76	4′05″	7.9	227	11	12.2
	74	4′10″	8.1	223		10.8
	72	4′15″	8.3	219	10	9.4
	70	4′20″	8.5	215		8.0
	68	4′25″	8.7	211	9	6.6
	66	4′30″	8.9	207		5.2
	64	4′35″	9.1	203	8	3.8
	62	4′40″	9.3	199		2.4
	60	4′45″	9.5	195	7	1.0
不及格	50	5′05″	9.7	190	6	0.0
	40	5′25″	9.9	185	5	−1.0
	30	5′45″	10.1	180	4	−2.0
	20	6′05″	10.3	175	3	−3.0
	10	6′25″	10.5	170	2	−4.0

高中一年级女生各测试项目评分标准

等级	单项得分	800米（分·秒）	50米跑（秒）	立定跳远（厘米）	仰卧起坐（次）	坐位体前屈（厘米）
优秀	100	3′24″	7.8	204	53	24.2
	95	3′30″	7.9	198	51	22.5
	90	3′36″	8.0	192	49	20.8
良好	85	3′43″	8.3	185	46	19.1
	80	3′50″	8.6	178	43	17.4
及格	78	3′55″	8.8	175	41	16.1
	76	4′00″	9.0	172	39	14.8
	74	4′05″	9.2	169	37	13.5
	72	4′10″	9.4	166	35	12.2
	70	4′15″	9.6	163	33	10.9
	68	4′20″	9.8	160	31	9.6
	66	4′25″	10.0	157	29	8.3
	64	4′30″	10.2	154	27	7.0
	62	4′35″	10.4	151	25	5.7
	60	4′40″	10.6	148	23	4.4
不及格	50	4′50″	10.8	143	21	3.6
	40	5′00″	11.0	138	19	2.8
	30	5′10″	11.2	133	17	2.0
	20	5′20″	11.4	128	15	1.2
	10	5′30″	11.6	123	13	0.4

一般说来，体育类项目除上述列举的几项外，还包括体操、球类（足球、篮球、排球、乒乓球、羽毛球等）、水上及冰上运动、民族传统体育（武术、跳绳等）和新兴体育运动（击剑、轮滑、定向运动等）。有些项目学校体育课上教师会组织同学们学习掌握，如田径、球类；有些项目只能依靠同学们的兴趣、家庭环境或者身体条件自我学

习锻炼了。

需要指出的是，有些同学可能到高中毕业也没有很好地掌握一项运动技能。究其原因，极个别同学属于特殊体质而无法锻炼，其他同学却是轻视体育课程、忽视体育锻炼甚至排斥体育活动造成的。态度决定一切，有的同学应付对待体育课，不认真听老师的技术讲解和指导，练习的时候能偷懒则偷懒，浪费了课堂上学习和锻炼的机会，课下自不用说，所以很难掌握一项运动技能。

有的同学缺乏坚强的意志。意志是人自觉确定目标并支配其行动以实现预定目标的心理过程。在体育技能训练中往往会遇到一些困难，有些困难来源于我们自身，有些困难来源于外部条件。遇到困难，若你怨天尤人、情绪失控，就会导致你放弃锻炼。还有些同学属于性格内向，不爱出头露面，不易适应环境，胆小、孤僻，甚至怀疑自己的能力，越是看到其他同学熟练地掌握技术动作，越怕自己当众出丑，生怕别人笑话自己。这种想法是大可不必的，人无完人，每个人都有自己的长处和短处，放松自我，踊跃锻炼，才能增强自信，赢得尊重。

仙丹妙药灵芝草，不如天天练长跑。同学们，运动的好处除了强身之外，还是使一个人精神保持清新的最佳途径。技多不压身，高中三年掌握两项体育技能，你将受益终生！

三、积极参加艺术活动

艺术是人类文明的重要组成部分。美学家宗白华说："艺术不仅满足美的要求，而且满足思想的需要。"随着信息时代的到来，艺术不再局限于传统的剧场、戏院、音乐厅、美术馆，而是更为广泛地进入电视、电脑、网络等大众媒体，成为现代人日常生活和学习不可缺少的一部分。越来越多的人文学者、科学工作者和工程技术人员尝试从艺术中吸取灵感，将艺术的思维方式渗透到自己的工作和研究中。艺术中包含的感受、想象、创造等能力，已成为现代社会需要的综合型人才所不可缺少的素养。

山东师大附中艺术教育工作包括：艺术类课程教学，课外、校外艺术教育活动，校园文化艺术环境建设。学校严格落实《学校艺术工作规程》，开齐开足艺术课程，组织多种形式的课外艺术活动，大力建设学校文化，美化校园，积极创设校园艺术文化氛围，为莘莘学子搭建艺术展现的舞台，为培养艺术型、复合型优秀毕业生而努力。我们希望学校的每一位学子在高中三年自觉提高艺术兴趣，积极参加艺术活动，掌握一门艺术特长，为以后的工作生活打下坚实的艺术基础。

（一）培养艺术兴趣

艺术课程综合了音乐、美术、戏剧、舞蹈以及影视、书法、篆刻等艺术形式和表现手段，会对学生的生活、情感、文化素养和科学认识等产生直接与间接的影响。艺术课程能够综合发展学生多方面的艺术能力，同时还能够锻炼学生整合创新、开拓贯通和跨域转换的思维。综合起来看，学习艺术课程对同学们的人格成长、情感陶冶以及智能的提高等具有重要价值，能够促进人的全面发展。

高中艺术教育以提高审美鉴赏能力、培养艺术素养为主要任务，其培养目标比初中阶段更高。例如高中音乐课程标准提出，在普通高中音乐课程中，通过鉴赏与表现音乐及其他艺术形式的审美活动，使学生充分体验音乐的美和蕴含于其中的丰富情感，为音乐所表达的真善美境界所吸引、所陶醉，进而产生强烈的情绪反应和情感体验。以音乐审美为核心的基本理念，应贯穿于音乐教学的全过程，在潜移默化中培育学生美好的情操、健全的人格。音乐教学应该是师生共同感受、鉴别、判断、创造、表现和享受音乐美的过程，在教学中，要强调音乐的情感体验，根据音乐艺术的表现特征，引导学生整体把握音乐表现形式和情感内涵，领会音乐要素在音乐表现中的作用。

高中美术课程标准提出，美术是一种视觉艺术，在发展学生的视知觉、获得以视觉为主的审美体验、陶冶审美情操、提高生活品质等方面，具有其他学科难以替代的作用。普通高中美术课程能够提高学生对自然物、人造物形态美的认识，提高对美术作品的内容、材料、形式、风格的多样性的认识，使学生体验美术与生活的关系，陶冶审美情操，提高生活品质。通过美术学习活动，让学生学会用艺术思维的方式认识世界，学习艺术表现和交流的方法，提高美术素养。

由此可见，同学们在高中阶段，应该在艺术老师的指导下，进一步提高艺术兴趣，扩大艺术兴趣范围，提高艺术审美、鉴赏水平，培养良好的艺术素养。

学校每年都会组织各种形式的艺术活动，吸引了很多同学的目光，调动了同学们参与的积极性。例如已经形成的传统活动有“校长杯”戏剧节、“五月的鲜花”合唱节、校园歌手大赛、学生艺术素质大赛、迎新年文艺演出等，同时学生会还组织了许多艺术社团，如热音社、热舞社、摄影社、动漫社等，吸引了众多同学参加。

艺术作为一种人生体验的方式和人格内涵的一部分，来源于生活，又高于生活。希望每位同学都能够把握机会，勇于尝试，走近艺术，踊跃参加学校组织的各项艺术活动，在活动中培养、提高和扩大自己的艺术兴趣。

(二)提高艺术素养

艺术素养是一个人素质的重要组成部分，是与科学素养、人文素养、创新素养、人才素养等并列的知识修养。我们可以将艺术素养归纳为一个人由对艺术的感悟、认知而构建的稳定的审美鉴赏力和价值观，它包括同生活与情感、文化与科学等诸多方面建立广泛联系的艺术感悟力、艺术观察力、艺术想象力、艺术创造力和高雅的审美品位。

艺术素养对一个人的影响主要体现在三个层面：知识层面、思维层面和观念品格层面。我们对世界的认知活动主要可以归纳为三种方式：科学认知、审美认知和宗教认知。艺术素养无疑为我们的审美认知活动提供了主要支撑：一方面，通过对艺术作品的感觉、感悟，可以更直观、更生动、更深刻地获得对社会、自然和人生的了解；另一方面，则是在我们观察、感受和把握社会与自然、人生的时候提供了一种超越物质层面的审美途径。

人类的思维活动主要有抽象思维和形象思维两种方式。相对于其他教育方式而言，艺术教育的优势在于发展和提高了人的形象思维。现代社会需要的人才，不仅要有丰富扎实的专业知识，更要有不拘常规的创新思维。创新源于打破惯有的思维套路，从新的角度来观察、体验、接受、分析和总结事物，而这正是艺术创作和欣赏中所运用的形象思维的主要特征。一个有素养的人，在做出个人决策或参与公众事务、从事相关工作时，能够运用并遵循多元尺度，即科学的尺度、人文的尺度和艺术的尺度。科学的尺度归根结底是真，人文的尺度归根结底是善，艺术的尺度归根结底是美。

艺术素养教育有利于培养人文素质，艺术是人本质力量的对象化，艺术创造和欣赏的过程包含着对人及其生命历程的颂扬与肯定；艺术对个体生命价值的描绘、欣赏和重视则是构成人本主义思想的重要支柱，人类历史上优秀艺术家的艺术创造活动也是我们每个人开启人文精神大门的钥匙。

艺术教育的过程是一个唤起美感、愉悦身心、净化心灵和陶冶情操的过程。有人说："人们在欣赏艺术作品的同时，心灵会受到高尚、健康的思想情感的熏陶与感染，在潜移默化中陶冶性情，滋养心灵，提高修养，净化灵魂，进而形成高尚的审美情趣和理想，获得健康、完美的人格与信仰，促进个体身心的和谐发展与综合素质的提高。"现阶段社会价值观的多元化、物质化，无疑会对人们的思想产生巨大的冲击。而良好的艺术素养，对于完善自身的人格，化解社会上的不良习气，起到了不可替代的作用。

艺术素养教育还能够促进科学素质与创新素质的培养。诺贝尔奖获得者李政道先生认为，科学和艺术就像一枚硬币的两面，是不可分割的。从某种程度上来说，人们的创新能力正是建立在对世界感知和认识的基础上。世界上许多著名的科学家如爱因斯坦、居里夫人等，都是具有很深艺术造诣的人。

艺术素养不是先天的，任何人都可以在艺术创作或艺术欣赏的实践中逐步得到锻炼和发展。课上认真听课，课下积极参加艺术活动，多接触各种艺术形式和艺术流派。要想欣赏音乐，需要有会听音乐的耳朵；要想判别形态美，就需要有锐利敏感的眼睛；要想接触古今中外一切优秀的文艺作品，就需要阅读、欣赏它们，借以锻炼自己的形象思维能力。在博览的基础上，才有可能辨别真伪优劣，培养出较高的艺术鉴赏能力。各种艺术流派之间也是有内在联系的，只有广泛通晓各种艺术流派，才可能鉴别欣赏，博采众长，培养起自己高尚的艺术情趣，促进身心健康发展。

培养艺术素养首先要树立正确的世界观。世界观同人们的心理状态、道德观、艺术趣味、审美能力等紧密地联系在一起。以正确的观念做指导，欣赏者才可能领会艺术作品的艺术美，接受艺术作品所表达的思想倾向。

三人行，必有我师。要提高鉴赏能力，还需要多请教那些具有某种专长的人。一

部优秀的艺术作品，能深刻、典型地反映社会历史，能成功地再现生活。人们对艺术作品进行具体的分析、讲解，有助于加深对作品的认识、理解和感受，深刻地认识作品的社会意义。

艺术可以增加生活情趣、培养道德情操。艺术具有享受和娱乐的价值，可以丰富我们的精神生活，增强我们对生活的感情；艺术还具有道德的价值，一部优秀艺术作品中的艺术形象，对我们的道德观念和人生选择会产生重大影响。通过接触进步的艺术形象，吸收进步的道德观念，可以逐步培养自我的道德情操，提高艺术修养。

艺术教育是一种终身教育。每个人不仅在学生阶段会接受丰富的艺术教育，在步入社会之后，仍然会通过多种渠道获得艺术熏陶、提高艺术素养。

（三）掌握一项特长

教育部有关文件要求全国义务教育阶段学校实施“体育、艺术2+1项目”，即通过学校组织的课内外体育、艺术教育的教学和活动，让每个学生至少学习掌握两项体育运动技能和一项艺术特长，为学生的终身发展奠定良好的基础。同学们在小学、初中阶段，接受过完整的艺术教育，许多同学参加过音乐或美术方面的专长学习，有的同学甚至达到了相当高的专业级别。高中三年，学校会组织很多艺术活动，希望同学们积极参加这些活动，争取在高中毕业的时候能自豪地说自己掌握了一项艺术特长。

山东师大附中有很多具有艺术特色的校本课程，下面向同学们简要介绍美术版画教程和“校长杯”戏剧节活动。

学校版画校本课程于2012~2013学年第二学期创设。美术老师制订课程方案，建立版画教室，购买版画工具、材料，按课题计划实施教学，根据课程内容引导学生参与学习、制作，选拔优秀学生作品参加比赛、展览。老师们经过仔细斟酌探讨，用了两个学期时间分别在2012级和2013级学生中进行了两轮课程实验。经过实验发现，学生学习力很强，很快能够熟悉版画基本制作流程，并掌握木板版画和藏书票的制作要点，每位同学都能够完成两件完整的版画作品。老师们从教学中收获了一批优秀的学生作品，并且发掘了一部分在版画方面表现突出的学生。学生王宁、王佑宁的作品(见下图)在“2013年济南市中小学生艺术节”中获绘画高中组一等奖(两件作品在荣获一等奖的五件作品中分别位列第一、二位)。

我校“校长杯”戏剧节开始于2004年9月。当时山东师大附中校长于树增利用被评为“济南市十佳校长”的获奖奖金一万元设立了“校长杯”戏剧节,并提出“主体·活动·发展”的现代教育理念。新一届领导班子继续全面深化教育教学改革,积极树立大教学观,为学生搭建起了一方展示自我的活动平台。自2005年起,为给学生创设良好的自主学习情境,拓展课堂学习的范围,全面提高学生的基础素养,构建开放、多样、有序的语文课程新模式,引导学生加强对优秀作品的体会,在交流和切磋中,加深对作品的领悟,感受艺术的美,促进学生均衡而有个性地发展,丰富校园文化活动,扩大学校影响力。

戏剧节活动通常在高二年级下学期举行,共分为两个阶段。第一阶段是以班级为单位进行年级会演,学校为每个班级提供展示自我的机会。在此基础上进行选拔,选拔出优秀剧目后进行第二阶段的年级展演。活动设最佳剧目、最佳导演、最佳男女主角、最佳男女配角、最佳指导教师、最佳舞台效果、优秀剧目、优秀演员等奖项，鼓励各方面表现突出的同学。“校长杯”戏剧节迄今为止已举办了十余届，受到了多家媒体的关注和报道，引起了广泛的社会影响。多年来，在活动的过程中涌现出了一大批戏剧爱好者，也帮助一大批优秀同学实现了报考艺术类学校的心愿，他们中的很多佼佼者如今已经活跃在全国各大影视舞台上。

第三节　珍爱生命　远离恶习

一、学会珍爱生命

有了生命，我们才能感受大自然的五彩缤纷。

有了生命，我们才能品味生活的酸甜苦辣。

有了生命，我们才能去创造美好未来！

尺有所短，寸有所长。每个人都有自己的优点和缺点，在生活中也会碰到不如意的事情，那么我们如何看待和处理生活中的不如意之事呢？无须抱怨命运的不济，不要只关注自己的缺点或者没有的东西，而要多看看自己所拥有的一切，我们就会感到：其实自己很富有。人生是一支由我们高擎着的火炬，唯有热爱生命，才能把它燃得旺盛。

世界上最令人惊奇的，莫过于生命本身。然而，什么是生命，却是一个不容易回答的问题。一般认为，生命是生物的生长、发育、繁殖、代谢、应激、进化、运动、行为、特征、结构所表现出来的生存现象。

通常来说，人的生命存在形式包括生物性、精神性和社会性三种形态。生物性是人生命的最基本的特性，是生命的社会性和精神性存在的基础和前提。人之所以为人，就在于人不仅仅是为了满足自己的自然生命而活着，还要追求超越生物性存在的精神性存在。另外，每个人要想生存下去，就必须参与和融入社会活动中，在与人沟通、交往和互动中追求生命的意义，实现生命的价值，这就是生命的社会性存在。

热爱生命，我们就要丰富生命的内涵，提升生命的价值。

同学们可能听说过这样一个故事。在一次演讲会上，一位演讲家没讲一句开场白，手里却高举着一张100元的钞票。

面对会议室里的200位听众，他问："谁要这100元？"一只只手举了起来。

他接着说："我打算把这100元送给你们中的一位，但在这之前，请允许我做一件事。"他说着将钞票揉成一团，然后问："谁还要？"仍有人举起手来。

他又说："那么，假如我这样做又会怎样呢？"他把钞票扔到地上，又踏上一只脚，而后他拾起钞票，钞票已变得又脏又皱，"现在谁还要？"还是有人举起手来。

"朋友们，你们已经上了一堂很有意义的课。无论我如何对待这张钞票，你们还是想要它，因为它有价值，不管我怎么摧残它，它都依旧没有贬值，它依旧是100元。"

同学们，看了上面这个故事你们会想到什么？人生路上，你们可能会无数次被自己的决定或遇到的逆境击倒、打垮甚至碾得粉身碎骨，你们可能会觉得自己似乎一文不值。但无论发生了什么，或将要发生什么，请你们记住：只要生命存在，你们永远不会丧失价值，你们依然是无价之宝。痛苦是暂时的，困难终将过去。

热爱生命，我们还要学会直面挫折、笑对人生。

英国萨伦港的一家船舶博物馆里有一艘船，它是英国劳埃德保险公司从荷兰拍卖市场买下的。这艘船1894年下水，在大西洋上曾138次遭遇冰山，116次触礁，13次起火，207次被风暴扭断桅杆，然而它从没有沉没过。一位来此观光的律师突发奇想：他要把这艘船的历史和照片带回去挂在自己的律师事务所里，每当委托人请他辩护时，无论输赢，他都建议他们去看看这艘船。后来，这位律师真这样做了，并且一次又一次地让人们领悟到：人生就如在大海上航行的船一样，遇到挫折，勇于面对，坚持航行，才能够驶向人生的彼岸。成长就是一次远航，航道曲折而漫长，如同在大海上航行的船只，遇到风暴并不可怕，经历挫折才能茁壮成长！

从心理学的角度看，挫折是指个体在从事有目的的活动中，遇到无法克服或主观认为无法克服的障碍或干扰，导致其目标不能实现、需要不能满足时产生的情绪反应。挫折情境、挫折认知和挫折反应三者互相联系，互相制约，构成了人的心理挫折。这三者中，挫折认知起关键作用。

曾有一位老人说："我年轻的时候，曾因受到一点挫折而准备自杀。那是在一个晴朗的早晨，万念俱灰的我趁妻子和孩子仍在熟睡，便悄悄起床，拿了一根绳子来到村外的树林里，走到一棵结满果实的樱桃树下，我想把绳子挂在树枝上，扔了几次也没成功，于是我就爬上树去。树上挂满了樱桃，我摘了一颗放进嘴里，真甜啊！于是我又摘了一颗。我贪婪地品尝着樱桃的甜美，直到太阳出来了，万丈金光洒在树林里，阳光下的树叶随风摇曳，满眼是细碎的亮点。我第一次发现林子这么美丽！这时有几个上学的小学生来到树下，请求我摘樱桃给他们吃。我摇动树枝，看他们欢快地在树下捡樱桃，然后蹦蹦跳跳去上学。看着他们渐渐远去的背影，我突然发现，原来阳光如此明媚，自己生活的世界是这样美好！生活还有那么多的美好等我去享受，我为什么要早早地离开呢？于是，我收起绳子回家了。从那以后我再也不想自杀了。"

其实，世界还是那个世界.只是你对自己所生活的世界的感知、认识和评价改变了而已。人生更像是一场场足球赛，即使最强的队伍在比赛中也会有失手的时候，面对困难，勇于解决困难，你就会有"柳暗花明又一村"的体验。认知改变了，你的世界也将随之改变！同学们可以从以下几个方面来积极应对挫折。

（一）学会心理自救

一只狗的腰部脱臼，在地上费力地趴着，孙子想要去帮它按摩，爷爷喊住了他，随手拿起一个土块向那只狗扔去。那只狗吓得挣扎着跑起来，爷爷在后面追赶它。只见那只狗跑着跑着腰部便上去了，恢复了正常。

人遭受挫折就好像狗脱臼，如果只是顺势趴在地上悲伤哭泣，那么谁也帮不了你！真正能帮助你的只有你自己。伟大诗人屈原曾因被谗放逐，汉初三杰之一的韩信曾受胯下之辱，改革开放的总设计师邓小平曾经三落三起，他们都在挫折面前坚强地挺了过来，成就了自己的不朽事业。面对挫折，主动自救就意味着我们勇敢地承担起了我们应该承担的责任和义务，这是生命中最闪光的品性。它不仅能激发人

的内在潜能、化解困境，而且还能超越自我、成就自我。

那么，怎样实施心理自救呢？

1.要懂得放下。向往友谊长存，就要放下心中自私自利的欲望；向往学业成功，就要放下生活中的安逸和享乐；正如落叶放弃生命的绿，果断选择死亡，把生命的精华与真情化作春泥，再次长出希望。舍得，就是有舍才有得。因此，放下是一种美丽，一种超脱，一种双赢的智慧。面对挫折，懂得放下，才能随时随地给自己减压，才能让压弯的脊梁如释重负，才能让你"人生的背囊"有足够的空间去搁置你真正需要的东西。因此，积极勤奋的努力和不计成败的洒脱是成功的双翼。

2.要学会自我安慰。小时候，我们常为晚上做的噩梦而闷闷不乐，长辈们总是劝慰说"梦境与现实是相反的，噩梦反而是好兆头，比如梦见死人、棺材就是官运亨通，要发财了" 等，听了长辈这样的劝解，心里就坦然了。又如西方基督教、东方的印度教和佛教都把忍受痛苦与磨难，作为通向理想世界的阶梯，这实质上是人们无法深刻揭示人类不能摆脱的痛苦与不幸的真正根源，而从终极原因上杜撰出来的一种自我安慰、缓解痛苦和不幸的说辞，以此强化人们承受苦难的勇气，激励人们对未来的幸福充满期望。这种方法在心理学中叫自慰自勉法。当我们运用这种方法使被打破的平衡逐渐恢复时，还要努力从不利因素中找到有利因素，自己说服自己，调动自己的积极性，努力把负面的心理压力转化为进取的动力，保持一颗奋发向上的恒心，从而产生强大的内驱力，满怀信心地面对现实，迎接挑战。

中学生目标意识很强，希望被人重视、受人赏识，渴望体验成功的心理要比成人更为强烈，身陷挫折时不妨主动制作"心灵自助餐"，进行心理自救，具体方法如下。

首先，请你找出一张白纸，一条一条地写下你认为自己具有的优点，越多越好。优点找出来之后，请你把这些优点写在你经常能看到的地方，每天至少大声朗读一次，心里还要默念数次，念的时候要面带微笑，字正腔圆。坚持一段时间之后，你会发现这些优点在你身上表现得越来越明显，而且会不断发现自己又有了新的优点。这时我们可以多做一些自己平时感兴趣的事，多做一些自己有能力做好的事情，多做一些自己有优势的作业，每做好一件事，就自己给自己发奖，例如：给心情放半小时假，或者奖给自己一根棒棒糖。

由于优点的激励效应，人的挫折感会渐渐减弱。的确，只要你懂得在失败中欣赏自己的优点，你就会对自己充满信心，那么，全世界的阳光都会照在你的脸上；只要你懂得在失败中激励自己，你就会对自己充满希望，那么，全世界的鲜花都会为你开放。

(二)摘下心灵的放大镜

漫漫人生路，就像一趟旅行，面对挫折，如果我们缩小痛苦，沿途就有看不完的春花秋月；如果我们放大痛苦，沿途就有数不尽的坎坷泥泞。

心理学家曾对小学、初中、高中、大学四个阶段的学生学习目标的达到情况进行比较研究，结果表明：高中阶段的学习目标最难达到，挫折感最强烈，其次是初中阶段。中学生还没有形成科学的人生观，学习的功利意识很强，生活模式单一，思维方式教条刻板，一旦面临挫折，往往显得手足无措，很容易夸大痛苦，产生以下几种不合理观念：认为挫折不应发生在自己身上、以偏概全或者无限夸大后果。

例如，发觉有人对自己不友好，就认为自己人缘差，缺乏交往能力，在群体中不受欢迎，而导致自我封闭、焦虑、抑郁；偶尔考试不如人意，就会产生“自己能力差，天生愚钝，不能胜任或不可能出色完成学习任务”的主观感受，当再次面对失败的情境和学习困难时，表现出无奈、自我放弃或尽量逃避，不愿做尝试性努力，被动接受这一情境和状态的压力，结果导致自责自怨、自暴自弃，失去信心。

有些同学对挫折缺乏正确的认识，遇到一些小挫折，却把后果想象得非常糟糕、可怕。夸大后果的结果是使人越想越消沉，包袱越背越重，情绪越变越恶劣，最后掉进万丈深渊，失去自我。例如有位女生在高考体检前担心同学知道她是乙肝病毒携带者，晚上常躲在洗手间哭，甚至咬自己的胳膊，体检前三天没有吃饭，说要饿死自己……她认为如果老师知道了她的病，她就没脸见人了；如果同学知道了她的病，就会弃她而去；如果高校知道她的病，考上也不会录取她。结论是自己只有死路一条。实际上，目前我国人口中约有十分之一是乙肝病毒携带者，多数无症状，在高考志愿填报中有限制但不是很多，除了学前教育、航海技术、飞行技术、食品科学与工程、烹饪等专业外，其他专业都可以报考。

很多时候，我们无法逃避挫折，但我们可以改变对挫折的认知。摘下认识的放大镜，正确、全面、客观地认识自我，评价现实处境；改变认知，换个想法，才能突破思维的盲点，看到新的希望，解决困难。

（三）调整心态，主动寻求援助

有这样一个寓言故事。一天，农夫的驴子不小心掉进了一口枯井。农夫没办法将驴子救出，心想驴子反正也老了，便打算找人帮忙铲土把驴子埋掉。一铲土填进了枯井，驴子发现了自己的处境，悲哀地鸣叫着，但很快就没有了声音。农夫过去一看，让他大吃一惊的是，每一铲土下去，驴子都迅速地把它抖掉，并且垫到了脚下，没过多久，驴子便跑出了枯井。对于身陷枯井的驴子来说，如果它只是悲哀地哭泣，那么每一铲土就是埋葬它的致命一击。但是，聪明的驴子却及时改变了心态，积极应对，抖掉了身上的每一铲土，成功地利用了它们，摆脱了困境，获得了新生。

这个故事告诉我们，当我们掉入“挫折的陷阱”时，你选择怎样的态度，也就选择了对应的结果。人生路上，只要有积极的心态，就有看不完的风景！

一朵花儿要盛开出美丽，除了依靠自身制造的养料外，还需要外界阳光雨露的滋润。同样，一个身处逆境的学生，当凭借自己的力量无法自助时，就要主动寻求外界的帮助。例如可以向身边的同学、朋友倾诉。当你痛苦时，最好的良药是朋友。与朋友诉说快乐，快乐就会加倍；与朋友诉说痛苦，痛苦就会减半。倾听是一种美德，更是一种人格魅力，你在帮助他人化解困境的同时，也学会了如何应对类似的生活困境。我们也可以向老师和自己信赖的长辈求助，老师和长辈丰富的人生阅历和智慧，往往能帮助我们客观地分析失败的原因，准确地找到行之有效的解决问题的途径和方法，让我们在绝望中看到希望，从而找到生命的出口；或者向心理辅导老师和心理咨询室寻求心理援助，心理辅导老师作为专业人士也能够为我们提供很多帮助。

(四)优化目标

中学生对未来充满着希望和幻想,既对自己怀有较高的期望和要求,又对自己的能力、知识水平和可能遇到的困难缺乏正确的认识,目标不合理,很容易产生挫折感。如果挫折过于频繁,那么自信心就会下降,挫折承受力也会降低。通常情况下,如果个体的既定目标过高或不切实际,必须根据实际情况,及时调整或用新的目标代替原有的目标;当然,这种调整,并不是鼓励朝三暮四、见异思迁,而是坚持实事求是、一切以有利于自己发展为原则,目的是增加成功率。

例如,女生王某在日记中写道:“一次又一次地看着布满试卷的红叉,我的心被一种不知名的感觉抓得好紧好紧,好痛好痛,是绝望,是懊恼,还是期望……我不知道,也不想知道,更多的是害怕知道。我已经很努力了,为什么达不成期望?我好累,好想哭,可怎么也哭不出来。我感到窒息,我很无助,恐惧占满心田……”这位同学已经很努力了,但仍无法实现既定目标,这并不说明她是失败者,只是她离既定目标尚有一段较长的距离而已。此时,她就需要优化目标,从自己的实际出发,把总目标分解成若干个子目标,把自己力所能及的目标作为近期目标,保持适中的自我期望值,让自己在短时间内就能获得新的成功,那么,成功的喜悦和愉快体验就会增强自信心,并转化成个体走出挫折困境的原动力。

(五)学会认输

现任《诗刊》主编、中国作家协会全国委员会委员的叶延滨在《也要学会的另一课》一文中说:“学会认输,就是在陷进泥塘里时,知道及时爬起来;学会认输,就是在被蚊子咬了一口以后,不到蚊子法庭去讨公道;学会认输,就是上错了公共汽车时,及时地下车,另外再坐一辆。这些似乎都好懂,但有的人在人生路上,一旦出错,自己就不太愿意下车了,坚持死不认输,从而输掉了自己,输掉了人生!”

有的同学认为认输就是失败,是一件很丢人的事情,实则不然,学会认输也叫宽容退让。打一个比方:如果你能挑起九十斤,而你努力去挑九十二斤、九十五斤,这可能比较容易实现。因为从心理学的角度看,这种努力在“最近发展区”内,努力一把或许就会实现目标。但如果你非要努力去挑一百二十斤，死不认输，那么就是打肿脸充胖子，并且撑得越久，危害越大。这时候最明智的做法就是学会认输，拿得起、放得下，或者改变策略，改“肩挑”为“斗车推”，最终实现目标。

学习上同样如此，如果你的成绩在班上属于中等偏下水平，那么请不要把自己定位在学习优等生的层面上，陷入“大容量，高难度”的学习中不能自拔。最明智的做法或许就是脚踏实地、量力而行、以退为进，在基础知识的综合运用上下足功夫，才能厚积薄发，让你提升到更高的境界。

（六）榜样激励

孟子曰：“天将降大任于是人也，必先苦其心志，劳其筋骨，饿其体肤，空乏其身，行拂乱其所为，所以动心忍性，曾益其所不能。”纵观历史长河，无数伟人志士都是在极其艰苦的条件下，历经磨难，凭着坚强的意志、无畏的精神，才取得了成功。司马迁蒙受宫刑之辱，却留给我们一部《史记》；曹雪芹遭遇抄家之灾，却留给世界一部《红楼梦》；蒲松龄承受落第之痛，却完成了传世名著《聊斋志异》；贝多芬经受失聪之苦，却完成了经典名曲《命运交响曲》。他们在与困难、挫折、失败抗争的过程中，不屈不挠，自强不息，成就了自己的命运，书写了人生的传奇。

榜样的力量是无穷的。当我们身陷挫折时，可以通过报告会、读书活动、讲故事、出墙报、收集励志名言等形式，运用榜样的示范力量、模范行为和奋斗精神来激励、感染自己，正视挫折，战胜自我，超越自我，成就自我。三人行，必有我师。也可用自己身边同学战胜挫折的事迹激励自己，树立“别人行，我也行”的自信心，以此淡化挫折感，获得克服挫折的精神动力，激励自己想办法解决学习、生活上遇到的困难，体验克服困难、战胜挫折的喜悦。

（七）合理宣泄

人因挫折而积蓄的烦闷、忧郁就像一种势能，若不释放出来，就像埋伏在心间的定时炸弹一样，一旦触发即可酿成大难。所以，合理宣泄，是积极应对挫折的有效方式，对人的身心健康是十分有益的。美国著名心理学家詹姆斯·彭尼贝克曾做过这样的实验：他让受挫折者用连续5天左右的时间，每天花上15到20分钟，写出自己一生中最痛苦的经历或当时最让人心烦意乱的事情。结果证明，经过这种实验之后，接受实验者看病的次数明显减少，免疫力大为增强，身体器官的功能也大大地得到了改善。这就是宣泄对紧张、冲突、矛盾的化解作用。这也是值得同学们借鉴的有效方法。

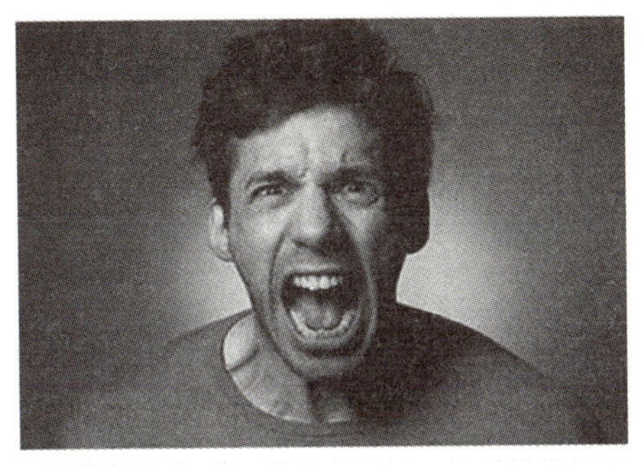

一贬再贬的苏东坡“把酒问青天”，壮志未酬的辛弃疾“醉里挑灯看剑”，弃官归隐的陶渊明“挥杯劝孤影”，美酒是他们的“忘忧水”，所有的压抑、苦闷和不得志，都在酒中得到了畅快的释放，从而获得了心灵的轻松、自由、愉悦。作为中学生的我们，不能像古人一样借酒消愁，但可以找自己最尊敬的、最信得过的长者或知心朋友倾诉，可以拳击沙袋、雨中狂奔、对山怒吼，可以听听音乐，也可以在适当的场合大哭一场，来舒缓自己的情绪。通过这些合理方式，把心中的悲伤、委屈、苦闷等不良情绪合理释放出来，心情才会轻松和舒畅起来，精神的压力才会得到缓解。

需要指出的是，宣泄行为一定要注意场合、注意分寸，要给自己宣泄的时间和程度设一个限度。有的同学耐挫力差，长时间的压抑或情绪低落，很容易不分场合、不分对象地随意寻找“出气筒”，轻则会妨碍人际关系的和谐，重则会对自己、家人、学校和社会造成伤害，这是缺乏道德修养的表现，应自我抵制和预防。

挫折，对于弱者是牢不可破的网，对于庸者是束缚手脚的桎梏，对于强者是不堪一击的盾，对于智者是打开成功之门的钥匙。笑对挫折，你就是强者，你就是智者。同学们，你们追梦的路漫长、曲折，或许有千里冰封，或许有阴雨绵绵，或许有风浪滔滔，或许会半路跌倒、鼻青脸肿，或许会失足山崖、粉身碎骨。坚强些，朋友，直面挫折，从一个微笑开始，让自信、自爱、自持从外向内，在心头凝结为坦然，那么你就离成功很近，离幸福不远了。

情绪发泄基地

恰当的	中性的	不恰当的
哭、运动 找人倾诉 唱歌、娱乐 写日记、散步	睡觉 吃东西	狂哭、狂睡、 狂吃、喝酒、 吸烟、生闷气、 扔东西、打架

赢是一种过程，输是一种开

始。只要我们拥有生命，无悔追求，青春就会在岁月的长河里熠熠生辉！

二、正常的异性交往

随着青春期的到来，同学们的生理和心理都会发生一系列变化。我们开始关注异性，渴望接触、了解异性，甚至可能萌发对异性的好感或爱慕之情。异性间的交往是同学们在学校生活中的一个重要内容。男女同学之间的情感，需要慎重对待、理智处理。当我们在情感的门前徘徊时，需要反思自己的情感选择。在反思中学会选择，学会承担责任；在选择中我们把握青春，在承担责任中我们长大成人。在与异性相处时，我们要学会保护自己。社会的法律、道德，学校的纪律、守则，健康的文化环境，给我们提供了外界的保护；但增强自我保护意识，掌握自我保护方法，是对自己最好的保护。

由于传统思想的影响，异性交往一度被视为“神秘的话题”或者“不健康的行为”。其实男女生之间的健康交往，对每个人今后的成长与发展有重要的影响。

（一）健康的异性交往，从生理、心理、社会及个人发展的角度看都具有积极的意义

男女有别。男性刚强、坚毅、豁达、粗犷，情感豪壮激烈；女性端庄、文静、温柔，情感丰富细腻，体验敏感，易同情人等。女性善于具体形象思维，男性较擅长逻辑思维。因此，男女生交往可以在性格气质方面、思维能力方面等取长补短，互相提高。人是社会的人，在两性交往的过程中，可以增强情感体验，强化个人意志，从而可以发展自己，提高自己。

每个人对异性都会有一种神秘感，自然产生接近异性的心理倾向。在异性交往的过程中会逐渐揭开这层神秘的面纱，满足自己的好奇心理，增加愉快、轻松、美好、和谐的体验，使男女双方精神焕发，感受到激荡心灵的愉悦感，从而激发内在的积极性和创造力。因此，男女同学之间的正常交往，可以增进对异性的了解，满足青少年的心理需求，促进身心健康发展。

同学们在正常的异性交往中，积累异性交往经验，同时也会为今后进入婚恋期打下基础。在以后的婚姻生活中，能较好地区分友谊与爱情，更稳妥地把握好自己的情感，从而严肃、认真、负责地择偶，缔造幸福的人生。

（二）明确自己在异性交往中的态度

男女同学之间的交往，既需要互相尊重，又要自重自爱；既要开放自己，又要掌握分寸；既要主动热情，又要注意交往的方式、场合、时间和频率。高中学生在学习、生活过程中，产生接近和爱慕异性的心理需求是很自然的，也很正常，因此同学们在交往中的态度应该是敞开心扉，坦然面对，把握好尺度。

但有的同学在异性交往中容易陷入误区：从单纯、外露的情感转变为含蓄而内向的感觉，或者从融洽的异性交往转变为敏感、多疑、微妙的“被爱的错觉”，或者从直白的语言沟通变为书信传情或语言及表情暗示。以上表现容易使同学们在交往中迷失自我，可能会导致暗恋或者早恋的后果，给正常的异性交往蒙上一层灰蒙蒙的面纱。

（三）把握异性交往的原则

没有规矩，不成方圆。同样，在异性交往的过程中，同学们也要做一个有原则的人，力争做到以下几个方面。

同学们在交往中要培养健康的交往意识，淡化性别意识，交往自然就会落落大方。交往关系要疏而不远，交往程度宜浅不宜深。若即若离，把握两人交往的心理距离，避免出现让彼此感到过于亲密和引起心绪波动的接触。

同学们在交往中还要把握好“自然”与“适度”两个原则。所谓“自然”，指在与异性交往的过程中，言语、表情、举止、情感流露，以及所思所想做到自然顺畅，既不盲目冲动，也不矫柔做作。所谓“适度”，指与异性交往的程度和方式要恰到好处，应为大多数人接受。总之，男女生之间的交往，既要相互尊重，又要明确责任。

（四）早恋，是一枚苦涩的青苹果

去年4月，一位老师带着4岁的儿子回家，儿子非要吃树上的青苹果。爸爸告诉儿子，不成熟的青苹果不能吃也不好吃时，儿子还是要吃，爸爸无奈地摘下了一个。儿子非常高兴，接着咬了一口苹果，顿时苦楚满面，吐了一地，不停地说：“苦，苦，不好吃！”爸爸看着儿子的样子，摇摇头笑了！此时，老师想起了班里的一个女生小雪有早恋的倾向，他灵机一动，又顺手摘下了一个苹果。

回校后，他把小雪单独叫到自己的办公室。对小雪说：“这是刚从树上摘下的一个青苹果，你尝尝好吃吗？”品尝的结果是同样的苦涩。小雪明白了老师的用意，主动向老师倾诉心中的“秘密”……在老师的帮助下，这位同学的问题很快得以解决。

如今，中学生之间的恋爱问题已成为大家普遍关注的问题。早恋问题产生的原因是多方面的。首先，同学们在心理上渴望与异性交往，加上社会文化的潜移默化，充斥了大家的思维想象空间，对许多学生的影响很大。其次，同学们鉴别是非的能力相对较弱，加之有的父母教养方式不合理，在生活中很难找到自身价值，对家庭和学校失望，失落感增强，进取心下降，加大了对异性的目光投入。再次，有的家长或者老师不能正确对待异性交往，不经调查沟通，以简单粗暴的行为加以制止，造成孩子的逆反心理，反而加剧了孩子追求异性同学的情况。最后，高中生的升学压力过大，同学间因相互慰藉容易产生情感共鸣而陷入情网，不能自拔。另外，攀比与虚荣心也是造成早恋的因素。

高中生精力充沛，思维敏捷，记忆力强，正是一生中学习文化知识的最佳时期。过早地把精力投入感情问题势必使双方的学习受到影响，局限于自我的小空间里，耗费大量时间，无法专心致志应对学习。心理上还会承受巨大的压力，怕同学讥笑，怕家长发现，怕老师批评，怕失去爱情……因而使自己的行动小心翼翼起来，时刻提防别人知道一切，导致精神紧张，吃不下饭，睡不好觉，烦躁不安，心律过快，神经衰弱，产生脱离集体的心理倾向。

十七八岁的青少年可以拥有感情，但是没有稳定的工作和收入，没有经济基础，没有明确的目的……在不足以承担感情的年纪承担感情，只会适得其反。有人曾对中学生的“爱情”做了诠释：时尚——为时尚早，浪漫——慢慢地把自己的青春浪费掉，享受——自己想着受罪，投入——把头伸入、失去理智。看似玩笑，实则道出了早恋的后果。

广州一家权威教育机构花了近十年时间，对中学时期恋爱的学生做了跟踪调查。调查表明，有94.6%的人无结果，日后品尝着自己亲手酿制的苦酒；其中76.4%的人影响了自己的学业与发展；只有4.26%的人认为早恋对自己有正面作用。因此，中学生不宜恋爱。

（五）明确爱的真谛，远离早恋

在同学们眼里，爱可能就是两情相悦、花前月下，一起看电影、逛公园……那不就是爱吗？实话实说，那只是爱的皮毛。

爱情是建立在高级情感需要基础上的情绪体验。爱意味着人际关系中的接近、悦纳，是包含双方共同的需要以及持续深刻的同情与心理共鸣的一种亲密情感。爱是一种奉献，在双方愿意的情况下，相互帮助，相互关心，相互给予的活动过程。爱意味着一个人对另一个人或一个团体的尊重、关心、理解、帮助和责任。真正意义上的爱是深远而厚重的。只有真正理解爱的真谛，才能学会去爱和被爱，才能借“情”的小舟，载满“爱”驶向爱情的港湾。

爱情绝不是简单的男女私情。它是人类最高级、最美好、最神圣、最纯洁的一种情感。它需要相爱的双方以无私奉献和高度的责任感去孕育它。它是生理、心理和思想成熟的男女做出的严肃的、负责的选择。如果没有社会责任感和一定的经济基础，爱情就会凋谢枯萎。

中学阶段是同学们掌握知识的关键时期，如若沉溺于男女生交往的感情漩涡，则会力不从心，疲于应付，心力交瘁，这种没有时间、没有精力、没有空间、没有物质基础、没有发展未来的情感只会带来两败俱伤的后果。

避免早恋现象的发生，首先应该经常检查和反省自己对异性的认识和态度。在家长与教师指导下，树立正确的自尊自爱的道德情操。积极听取家长和老师的意见，正确进行异性交往，避免早恋的发生。如果有冲动或对个别异性有异样的感觉，应提醒自己注意，控制冲动，培养自己健康的人格，端正性观念和批判“性解放”的思想，本着对自己和对方负责的态度，慎重交往。

还记得曾经看过汪国真的一首作品——《妙龄时光》，说的是你只要在心里记下了这段同学情，那么一辈子最美好的回忆就是你最大的收获，在此送给同学们。

妙龄时光

作者:汪国真

不要轻易去爱
更不要轻易去恨
让自己活得轻松些
让青春多留下些潇洒的印痕

你是快乐的
因为你很单纯
你是迷人的
因为你有一颗宽容的心

让友情成为草原上的牧歌
让敌意有如过眼烟云
伸出彼此的手
握紧令人歆羡的韶华与纯真

三、远离恶习

有人说,思想决定行为,行为决定习惯,习惯决定性格,性格决定命运。这说明习惯对于我们每个人非常重要。良好的习惯会让我们终身受益,而不良习惯产生的坏的影响也将给我们带来很大的伤害。例如酗酒、抽烟、网瘾等,都属于我们应该远离的恶习。

(一)远离酒精

《未成年人保护法》规定,父母或其他监护人应当教育和制止未成年人吸烟、酗酒。《预防未成年人犯罪法》规定,任何经营场所不得向未成年人出售烟酒。

中学生开始喝酒的动机是多种多样的。根据某项对中学生喝酒动机的调查,发现中学生喝酒的动机主要有以下几个因素:有的同学喝酒是出于好奇心,想尝试一下,带有游戏的性质;有的同学是受同学或朋友的影响,在同学或朋友劝说下才开始喝酒的;有的同学是为了解除烦恼,如被老师和父母批评了,考试不及格了,或者与同学发生重大冲突了等。

随着物质生活水平的提高,青少年中喝酒的人也多了起来,聚会庆典中,人们常饮酒助兴。但是,青少年尚年幼,自制力不足,喝起酒来不加节制,往往“烂醉如泥”,甚至染上酒瘾,沉沦其中,影响身心健康。

青少年饮酒危害很多,大量饮酒容易诱发身体疾病。研究表明,饮酒后约20%的酒精立即在胃中吸收,其余全部被小肠吸收。吸收进血液里的酒精,除了极少数(约占10%)由汗、尿、唾液和呼吸排出外,其余的90%要经过肝脏解毒,但是肝脏的解毒能力有限,因此人的组织器官和各个系统都会受到酒精的毒害。青少年发育尚未完全,各器官功能尚不完备,对酒精的耐受力低,肝脏处理酒精的能力比较差,肝组织较脆弱,饮酒会给幼嫩的肝脏造成难以胜任的负担,破坏肝功能,甚至引起肝脾肿大。由于青少年的食道黏膜细嫩,管壁浅薄,经不起酒精的刺激,因此容易引发炎症或使黏膜细胞发生突变。同样,胃黏膜也比较嫩,酒的刺激可以影响胃酸及胃酶的分泌,使胃壁血管充血而导致胃炎或胃溃疡的产生,经常饮酒,容易患酒精中毒性肝炎和脂肪肝,最终发展为肝硬化。常饮烈性酒的人约有70%患有慢性胃炎,约有50%的人患有消化不良症;长期饮酒,还会引起营养和代谢失调,造成蛋白质、维生素及矿物质供应不足,诱发食管癌、胃癌、胰腺癌等,还会损害牙齿,影响青少年的生长发育。

研究表明,酒精对人的中枢神经系统的危害最为严重。酒精对中枢神经系统的作用分两个层次,少量可致兴奋,过量则形成抑制作用。少量饮酒,大脑皮层高级神经活动首先受到抑制,使得高级中枢对皮层下中枢的控制减弱,使人丧失理智和克制态度,表现为所谓的“兴奋”现象。由于青少年自制能力较差,酒后容易行为失控,可能诱发各种事故甚至危及生命,如偷食禁果、与人争执打架、酒后驾车等。继续饮酒,可出现语无伦次、步履不稳、动作不协调和嗜睡、昏迷等状态,严重者会因呼吸中枢麻痹而死亡。青少年由于视神经尚未发育完善,当酒精血液浓度达到15~55毫克时,可引起严重视力减弱,达到200~300毫克时,可发生复视。饮酒后,不仅神经反射的速度显著减慢,对脑细胞损害也相当大,对大

脑发育极为不利，造成学习效率降低。

另外，长期饮酒的人容易形成酒精依赖并伴随吸烟、吸毒等恶习。长期饮酒会使人的身体系统对酒精习以为常，让“醉酒状态”显得似乎很正常，人就可能对酒产生了依赖。当青少年染上了饮酒的习惯，吸烟这个饮酒的“兄弟”常常会赶来助纣为虐。青少年最初染上烟酒恶习，很多缘于模仿成年人或影视作品中的某些边喝酒边吸烟的角色形象，认为是十分酷的表现。调查表明，青少年吸烟和饮酒行为互相作用，关系密切，吸烟者往往饮酒，而饮酒者大都吸烟。这种既吸烟又饮酒的行为后果极其严重，因为烟草中的尼古丁能溶于酒精，使人体内的尼古丁含量更高，危害也更大，有这种习惯的人极容易患喉癌。

东晋时代的文学家陶渊明文章写得酣畅淋漓，如行云流水，洒脱自然，但却嗜酒如命，结果他的儿子中有三个都出现了智力障碍。这不可思议的现象，其实正是酒精的毒性作用造成的。因为酒精可以改变生殖细胞中的脱氧核糖核酸上的碱基排列，引起基因突变，染色体异常，在形成配子时，这些不正常的基因被遗传给了下一代，从而造成下一代畸形。

同学们，从我做起，拒绝酒精！

（二）远离烟草

中国是世界上对烟草制品管理较为宽松的国家之一。中国虽然已签署《世界卫生组织烟草控制框架条约》，但并没有完全履行公约要求的许多规定，比如减少和放弃烟草添加剂、公布添加剂成分、去除成瘾性物质，中国烟草企业也没有在烟盒上印制各项吸烟并发疾病的图示。在日本，行人一边行走一边吸烟属于犯罪行为，因为吸烟者无意中下垂的持烟的手可能烫伤幼童的眼睛。在南非，吸烟者在公共场所包括海滩和大街吸烟将面临重罚，吸烟被认为犯了反人类罪。在香港，在公共场所吸烟将被罚款1500港币，扔一只烟头会再被罚1500港币。在新加坡，吸烟者不会被任何学校录取，当局不向吸烟者颁发驾驶执照。在加拿大的多伦多，向16岁以下人群出售香烟或诱使16岁以下人群吸烟，会被处以5年以下徒刑。而在中国，吸烟问题到目前并没有明确的监管和处罚措施。

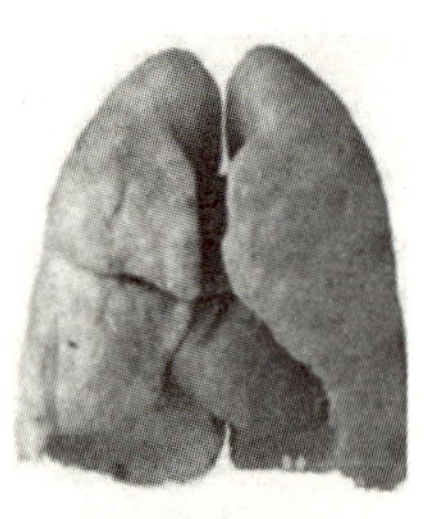

吸烟前

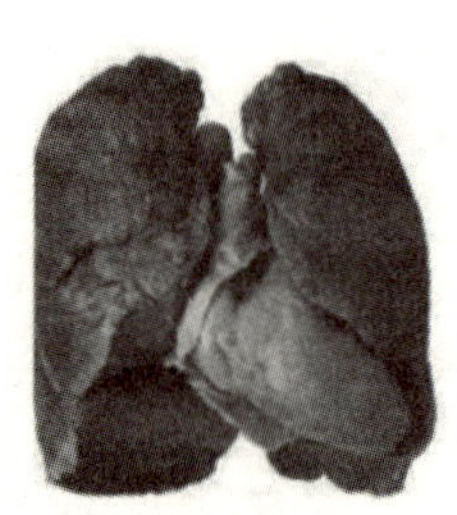

吸烟后

吸烟危害人的健康，对于青少

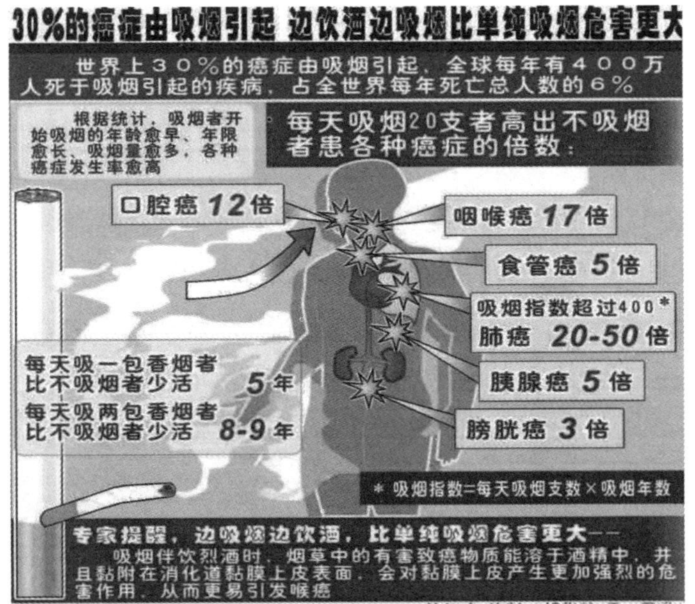

年来说，危害性就更大了。

吸烟对青少年的骨骼发育、神经系统、呼吸系统及生殖系统均有一定程度的影响。香烟燃烧时会释放400多种有毒化学物质，其中有害成分主要有焦油、一氧化碳、尼古丁、二噁英和刺激性烟雾等。焦油对口腔、喉部、气管、肺部均有损害。烟草中的焦油沉积在肺部绒毛上，破坏了绒毛的功能，使痰增加，使支气管发生慢性病变，容易诱发气管炎、肺气肿、肺心病甚至肺癌。由于青少年时期各系统和器官的发育尚不完善，功能尚不健全，抵抗力弱，与成人相比吸烟的危害就更大。此外，由于青少年呼吸道比成人狭窄，呼吸道黏膜纤毛发育也不健全，因此吸烟会损害呼吸道并产生炎症，增加呼吸的阻力，使肺活量下降，影响青少年胸廓的发育，进而影响其整体的发育。

据美国25个州的调查结果，吸烟开始年龄与肺癌死亡率呈负相关，若将不吸烟者肺癌死亡率定为1.00%，则15到19岁开始吸烟者为19.68%，20到24岁为10.08%，25岁以上为4.08%。这说明吸烟开始年龄越早，肺癌发生率与死亡率越高。平均来看，若吸烟者从青少年时开始吸烟，并持续下去，就会有50%的机会死于与烟草相关的疾病，其中半数将死于中年或70岁之前，损失大约22年的正常期望寿命。由于长期吸烟，从青年时期开始的任何年龄段的吸烟者都比不吸烟者的死亡率高约3倍。此外，青少年正处在性发育的关键时期，吸烟使睾丸酮分泌下降20%到30%，使精子减少和畸形；使少女初潮期推迟，经期紊乱。青少年吸烟还会使冠心病、高血压病和肿瘤的发病年龄提前。

烟草燃烧的烟雾中，一氧化碳含量很高。一氧化碳吸入人体后，与血液中的血红蛋白结合成碳氧血红蛋白，使血红蛋白不能正常地与氧结合成氧合血红蛋白，因而失去携氧的功能。由于人的大脑对氧的需求量大，对缺氧十分敏感，因此吸多了烟就会感到精力不集中，甚至出现头痛、头昏现象。久而久之，大脑就会受到损害，思维变得迟钝，必然会影响学习和工作，导致学习成绩下降。调查发现，吸烟学生的学习成绩比不吸烟的学生低。

吸烟还容易导致青少年弱视。这种弱视称为“烟草中毒性弱视”，其主要表现有以下四个方面：一是视力障碍，视物不清，戴眼镜也难以矫正，随着视力减退到一定时期，视力表上的0.1可能也看不清楚；二是视野改变，早期视野中间会出现一团哑铃形或圆形黑影，后期视野缩小，视物时四周模糊不清；三是色觉异常，尤其是辨不清红、绿颜色；四是畏光，在强光下视物反而不清楚。烟草中毒性弱视病情发展比较缓慢，很容易被人们忽视，晚期严重时可能造成失明。

烟草中的尼古丁是各种疾病的罪魁祸首，它会造成冠状动脉硬化和高血压，从而引发各种心脑血管疾病。尼古丁俗名叫烟碱。烟碱会损害心血管系统机能，使血管痉挛，血压上升，血液流动缓慢，输氧功能减弱，从而降低了心脏和肌肉的工作能力，容易引发心脏病。科学证明，烟雾中的一氧化碳一旦吸入肺内，与血红蛋白迅速结合，剥夺了血红蛋白与氧的结合机会，降低了回到全身组织血液的含氧量，影响大脑的血液供应情况。长此以往，这种恶性循环就会降低青少年的脑力活动和学习能力。它还能够破坏神经系统的正常机能，引起失眠和记忆力减退。据调查研究，吸烟的青少年在学校的缺课率、病假率、住院日都明显要高于不吸烟者，而学习成绩则显著低于不吸烟者。

吸烟有百害而无一益，仍在吸烟的同学们，还是尽快戒烟吧！

（三）远离网瘾

上网给人们的工作、学习和生活带来方便和欢乐的同时，也给一些人带来了一种时髦病——网瘾综合征。1995年美国心理学家格登博格提出了“网瘾”的概念。“网瘾综合征”或“网络成瘾征”指在无成瘾物质作用下的上网行为冲动失控，具体表现为由于过度使用互联网而导致个体明显的社会、心理功能损害。

网瘾综合征患者的最主要表现是：上网时精神兴奋，心潮澎湃，欲罢不能，时间失控；沉溺于网上聊天或网上互动游戏，并由此而忽视与社会的交往、与家人的沟通，甚至对上网形成越来越强烈的心理依赖，以致不能分离。专家发现，网瘾综合征患者由于上网时间过长，大脑神经中枢持续处于高度兴奋状态，会引起肾上腺素水平异常增高，交感神经过度兴奋，血压升高，自主神经功能紊乱；此外，还会诱发心血管疾病、胃肠神经官能症、紧张性头痛等病症。

中国青少年网络协会2014年发布的《中国青少年网瘾数据报告》显示，我国网瘾青少年约占青少年网民总数的9.72%。报告指出，网瘾青少年中玩网络游戏的比例(40.77%)高于非网瘾青少年(28.61%)将近13个百分点。中国青少年网络协会秘书长郝向宏认为，网瘾青少年更偏重于玩网络游戏，而非网瘾青少年则更偏重于借助网络获取信息、学习或工作。因此，正确利用网络获取信息可以在一定程度上抑制上网成瘾，而对青少年玩网络游戏的放纵则可能促使其上网成瘾。

如何判断自己是否患了网瘾综合征呢？比照以下标准，便可自我诊断。

条目	网瘾综合征的具体表现
1	每天起床后情绪低落，头昏眼花，疲乏无力，食欲不振，或神不守舍，而一旦上网便精神抖擞，百“病”全消。
2	上网时表现得神思敏捷，口若悬河，并感到格外开心，一旦离开网络便语言迟钝，情绪低落，怅然若失。
3	只有不断增加上网时间才能感到满足，上网时间失控，经常比预定时间长。
4	无法控制上网的冲动。
5	每看到一个新网址就会心跳加快或心律不齐。
6	只要长时间不上网操作就手痒难耐。有时刚刚离网就有又想上网的冲动，有时早晨一起床就有想上网这种欲望，甚至夜间趁小便的空也想打开电脑。
7	不能上网时便感到烦躁不安或情绪低落。
8	平常有不由自主地敲击键盘的动作，或身体有颤抖的现象。
9	对家人或亲友隐瞒迷恋网络的程度。
10	因迷恋网络而面临失学、失业或失去朋友的危险。

如果存在上述标准中四项或四项以上的表现，且持续时间已经达一年以上，那么就表明你已经患上了网瘾综合征。

据专家研究，青少年如果患有网瘾综合征，会带来很多的恶劣后果。

1.严重危害青少年的身心健康。

网络成瘾者因为对互联网产生过度依赖而花费大量时间上网。青少年正处于身体发育的关键阶段，沉迷于网络世界，长时间连续上网，新陈代谢、正常生物钟都会遭到严重的破坏，身体容易变得非常虚弱。还有研究表明，青少年长期沉溺于网络中，不仅会影响头脑发育，还会导致神经紊乱、激素水平失衡、免疫功能下降，引发紧张性头疼，甚至导致死亡。同时，不良的上网环境也会损害青少年的身体健康，而网吧大多环境恶劣、空气浑浊、声音嘈杂，青少年在这种环境的网吧内上网，也容易被传染上疾病。

网络成瘾者过度沉溺于网络中的虚拟角色，容易迷失自我，将网络上的规则带到现实生活中，造成青少年自我认识的障碍。

2.导致青少年学习成绩下降。

青少年沉溺于互联网带来了大量教育上的问题。具有网瘾的青少年，被网络挤占了原本属于读书和思考的时间，导致的直接后果就是学习成绩下降。同时，国外也有研究表明，长期上网、沉湎于网络游戏的孩子，其智力会受到很大的影响，甚至导致智商下降到正常孩子的标准水平线以下，这也会间接影响同学们的学习成绩。在网上也有一些商家为了赚钱，建立一些帮写论文、写作业营利的网站，一些缺乏自律的青少年便从网上购买作业、论文敷衍老师，学习态度大打折扣，学习成绩可想而知。网络成瘾者沉迷于网络虚拟世界，对现实生活失去感知，对枯燥的学习更是失去兴趣，会出现厌学、逃学、辍学的情况，学习成绩一落千丈。

3.弱化青少年的道德意识，诱发青少年走向犯罪的道路。

在网络世界，人们的性别、年龄、相貌、身份等都能借助网络虚拟技术得到充分的隐匿，人们的交往没有责任也没有义务。人们不必面对面地直接打交道，从而摆脱了熟人社会众多的道德约束。青少年在网络世界中，缺少了以教师、家长为核心的人际关系对他们行为的监督，他们在网上自由任性，缺少道德自律，容易在网络游戏、黄色网站中放纵自己的欲望。人性恶的一面也可能会因为没有道德的约束而得到充分的宣泄，这就弱化了青少年的道德意识和社会责任感，有可能导致他们走向犯罪的道路。同时，网络信息良莠不齐，其中不乏一些色情、暴力信息，涉世未深的青少年容易受到不良的诱导，最终可能误入歧途。近年来，未成年人的暴力犯罪和性犯罪明显上升，这与网络游戏中大力宣扬暴力、色情有很大关系。更有一些青少年，为了支付上网费而走上违法犯罪的道路。

4.影响青少年人际交往能力的正常发展。

网络成瘾者大多性格孤僻冷漠，容易与现实生活产生隔阂，导致拒绝与人交往，更加自我封闭，进而不断地走向个人孤独世界。同时，网络成瘾者沉溺于虚拟完美的网络世界之中，沉醉于一种虚幻的满足。他们从网络游戏中得到了个人成就感的满足，从网恋中得到了个人归属感的满足，他们还可以在网络世界充分张扬自己的个性，在虚拟的网络世界里，他们已经拥有了一切。而在现实世界中，一切都不是那么完美，朋友会有欺骗，父母会进行管教，因此他们认为现实生活中的人际交往是一种负累，从而不愿意与人交往。拒绝与人交往，拒绝融入社会，这是网络带来的一大问题。

沉溺于网络世界还造成了青少年与他人交往频率的减少，迷恋人机对话模式，对着电脑屏幕侃侃而谈、滔滔不绝，丢掉键盘鼠标就变得沉默寡言，在现实生活中语言表达能力出现障碍；更有甚者，还会得一种名叫“社交恐惧症”的心理疾病，表现为怕与人见面、谈话，见人就紧张、面红耳赤、颤抖，因此常独居屋内避不见人。调查表明，56.3%的网络成瘾者人际关系较差。相比之下，46%的非成瘾者能将自己与同学、亲友的关系处理得很好。

5.影响青少年正确的人生观、价值观的形成。

在网络社会，一切都呈开放状态，体现着不同意识形态、价值观念的信息在网络广泛传播。网络文化虽然呈现出价值观多元化，但实际上仍受西方文化主导。西方国家利用网络大力宣扬其政治制度和文化思想，同时国内外一些不法分子或是对社会主义中国不怀好意的人或群体，更是利用网络大量散播反社会主义、反人民反政府的宣传言论，甚至故意歪曲事实，混淆视听。在网络上有形形色色的信息，其中黄色、暴力信息混杂其中。还有些人故意在网上制造病毒，宣扬消极、颓废甚至违法犯罪的思想。鉴别力和判断力较弱的青少年、网络成瘾者沉迷网络之中，是首当其冲的受害者，青少年在互联网上接触的消极思想会使他们的价值观产生倾斜，在潜移默化中影响青少年正确的人生观和价值观的形成。

网瘾综合征完全是人为的，只要加强自我保护，便可防止此病发生。例如在上网时间上要自我约束，特别是夜间上网时间不宜过长。上网时注意保持正确的操作姿势，荧光屏应与双眼水平或稍下，与眼睛的距离应在60厘米左右，敲击键盘的前臂呈90度，光线柔和，不可太暗，手指敲击键盘的频率不宜过快。平时要注意丰富业余生活，比如外出旅游，和朋友聊天、散步，参加一些体育锻炼等。在饮食上，要注意多吃一些胡萝卜、荠菜、芥菜、苦瓜、动物肝脏、豆芽、瘦肉等含丰富维生素和蛋白质的食物。出现网瘾早期症状，应有意识地及时控制上网行为并多休息。一旦出现网瘾综合征，不要紧张，要尽早到医院诊治，必要时可安排心理治疗。

著名社会学家、教育学家陶洪开教授说，电脑是工具，不是玩具。用电脑的人是聪明人，玩电脑的人就成了电脑的奴隶。同学们，让我们充分发挥电脑的工具性，成为越来越聪明的人。

第三章 行为规范指导

第一节 中小学生守则

为深入贯彻习近平总书记系列重要讲话精神，积极培育和践行社会主义核心价值观，进一步增强中小学德育的针对性、实效性，根据学生发展的新特点，教育部在广泛征求意见的基础上，制定了《中小学生守则(2015年修订)》。《中小学生守则(2015年修订)》共包括九个方面，具体内容如下。

中小学生守则(2015年修订)

一	爱党爱国爱人民	了解党史国情，珍视国家荣誉，热爱祖国，热爱人民，热爱中国共产党
二	好学多问肯钻研	上课专心听讲，积极发表见解，乐于科学探索，养成阅读习惯
三	勤劳笃行乐奉献	自己事自己做，主动分担家务，参与劳动实践，热心志愿服务
四	明礼守法讲美德	遵守国法校纪，自觉礼让排队，保持公共卫生，爱护公共财物
五	孝亲尊师善待人	孝父母敬师长，爱集体助同学，虚心接受批评，学会合作共处
六	诚实守信有担当	保持言行一致，不说谎不作弊，借东西及时还，做到知错就改
七	自强自律健身心	坚持锻炼身体，乐观开朗向上，不吸烟不喝酒，文明绿色上网
八	珍爱生命保安全	红灯停绿灯行，防溺水不玩火，会自护懂求救，坚决远离毒品
九	勤俭节约护家园	不比吃喝穿戴，爱惜花草树木，节粮节水节电，低碳环保生活

第二节 日常行为规范指导

中学生日常行为规范

一、自尊自爱，注重仪表

1.维护国家荣誉，尊敬国旗、国徽，会唱国歌，升降国旗、奏唱国歌时要肃立、脱帽、行注目礼，少先队员行队礼。

2.穿戴整洁、朴素大方，不烫发，不染发，不化妆，不佩戴首饰，男生不留长发，女生不穿高跟鞋。

3.讲究卫生，养成良好的卫生习惯，不随地吐痰，不乱扔废弃物。

4.举止文明，不说脏话，不骂人，不打架，不赌博。不涉足未成年人不宜的活动和场所。

5.情趣健康，不看色情、凶杀、暴力、封建迷信的书刊、音像制品，不听不唱不健康歌曲，不参加迷信活动。

6.爱惜名誉，拾金不昧，抵制不良诱惑，不做有损人格的事。

7.注意安全，防火灾、防溺水、防触电、防盗、防中毒等。

二、诚实守信，礼貌待人

8.平等待人，与人为善。尊重他人的人格、宗教信仰、民族风俗习惯。谦恭礼让，尊老爱幼，帮助残疾人。

9.尊重教职工，见面行礼或主动问好，回答师长问话要起立，给老师提意见态度要诚恳。

10.同学之间互相尊重、团结互助、理解宽容、真诚相待、正常交往，不以大欺小，不欺侮同学，不戏弄他人，发生矛盾多做自我批评。

11.使用礼貌用语，讲话注意场合，态度友善，要讲普通话。接受或递送物品时要起立并用双手。

12.未经允许不进入他人房间、不动用他人物品、不看他人信件和日记。

13.不随意打断他人的讲话，不打扰他人学习工作和休息，妨碍他人要道歉。

14.诚实守信，言行一致，答应他人的事要做到，做不到时要表示歉意，借他人钱物要及时归还。不说谎，不骗人，不弄虚作假，知错就改。

15.上、下课时起立向老师致敬，下课时，请老师先行。

三、遵规守纪，勤奋学习

16.按时到校，不迟到，不早退，不旷课。

17.上课专心听讲，勤于思考，积极参加讨论，勇于发表见解。

18.认真预习、复习，主动学习，按时完成作业，考试不作弊。

19.积极参加生产劳动和社会实践，积极参加学校组织的其他活动，遵守活动的要求和规定。

20.认真值日，保持教室、校园整洁优美。不在教室和校园内追逐打闹喧哗，维护学校良好秩序。

21.爱护校舍和公物，不在黑板、墙壁、课桌、布告栏等处乱涂改刻画。借用公物要按时归还，损坏东西要赔偿。

22.遵守宿舍和食堂的制度，爱惜粮食，节约水电，服从管理。

23.正确对待困难和挫折，不自卑，不嫉妒，不偏激，保持心理健康。

四、勤劳俭朴，孝敬父母

24.生活节俭，不互相攀比，不乱花钱。

25.学会料理个人生活，自己的衣物用品收放整齐。

26.生活有规律，按时作息，珍惜时间，合理安排课余生活，坚持锻炼身体。

27.经常与父母交流生活、学习、思想等情况，尊重父母意见和教导。

28.外出和到家时，向父母打招呼，未经家长同意，不得在外住宿或留宿他人。

29.体贴帮助父母长辈，主动承担力所能及的家务劳动，关心照顾兄弟姐妹。

30.对家长有意见要有礼貌地提出，讲道理，不任性，不耍脾气，不顶撞。

31.待客热情，起立迎送。不影响邻里正常生活，邻里有困难时主动关心帮助。

五、严于律己，遵守公德

32.遵守国家法律，不做法律禁止的事。

33.遵守交通法规，不闯红灯，不违章骑车，过马路走人行横道，不跨越隔离栏。

34.遵守公共秩序，乘公共交通工具主动购票，给老、幼、病、残、孕及师长让座，不争抢座位。

35.爱护公用设施、文物古迹，爱护庄稼、花草、树木，爱护有益动物和生态环境。

36.遵守网络道德和安全规定，不浏览、不制作、不传播不良信息，慎交网友，不进入营业性网吧。

37.珍爱生命，不吸烟，不喝酒，不滥用药物，拒绝毒品。不参加各种名目的非法组织，不参加非法活动。

38.公共场所不喧哗，瞻仰烈士陵园等相关场所须保持肃穆。

39.观看演出和比赛，不起哄滋扰，做文明观众。

40.见义勇为要量力而行，做好自我保护，要对违反社会公德的行为要进行劝阻，发现违法犯罪行为及时报告。

山东师大附中学生一日常规细则

一、到校规则

1.按时到校，遇见师长、同学主动问好。因故不能到校，须经家长签字，向班主任请假。

2.衣着整洁大方，到校须穿校服。周一参加升旗仪式，统一穿校服。

3.男、女生不留长发、怪发，不烫发，不染发，不穿高跟鞋，不佩戴首饰。不穿拖鞋和奇装异服进入校园。

4.不能带手机、随身听、MP3、扑克等娱乐用品、贵重物品进入校园。

5.骑自行车到校者一律推车进出校门，在校园内、车棚内注意礼让慢行。自行车一律按指定地点有秩序存放。

6.进教学楼，要维护公共卫生，不乱丢东西，不随地吐痰。

7.保持楼区安静，不追逐打闹，不大声喧哗，不玩球类(包括羽毛球)。

8.爱护公物，保持公共卫生，上下楼梯要有秩序，注意安全。

9.随手关水、关电，养成节约资源的好习惯。

二、卫生规则

1.值日生应提前到校将卫生区、教室、走廊清扫干净，并在早读前完成。

2.教室内的物品摆放要整齐有序，各种物品要干净整洁，不存放鞋类物品。

3.教室和所属走廊的墙壁上没有乱涂乱画现象。

4.全体同学要爱护卫生，每周一下午班、校会后为全校大扫除时间，各班要将教室和卫生区彻底打扫干净。

三、早读规则

1.早读做到不迟到。

2.学生到教室后，应尽快交齐家庭作业，然后认真开始早读。不在教室喧哗、跑动，不利用早读时间做作业、核对作业，更不能抄袭他人作业。

3.早读时间原则上读语文、英语，语文、英语课代表要做好老师的助手，负责组织落实老师规定的早读内容。

4.值勤班长在早读铃响后，负责点名、考勤，记录下每天本班违纪情况并交班主任。

四、上课规则

1.在预备铃响前，要准备好上课所需所有学习用品，预备铃响后，可复习上一节课讲过的内容，或预习一下将要讲的新内容。课前切忌在教室内外喧哗、打闹、随意走动。

2.教师进入课堂上课，班长喊“起立”，同学们齐声向老师问好。待老师回应后方可坐下。

3.应答老师问题要起立，学生起立和坐下要尽量减小桌椅移动声音。

4.迟到的同学要候立门口，经老师同意后方可进教室就座。

5.上课要坐姿端正、专心听讲、积极思考，认真记笔记，自觉遵守课上纪律，有问题问老师，不交头接耳。

6.下课铃响，要等老师喊“下课”后，由班长喊“起立”，同学们主动喊“老师再见”，待老师走出教室方可离开座位。

7.对听课的老师及有关人员有礼貌，要主动问好。

8.体育课要提前五分钟集合，在校园内由体育委员整队带入操场，不无故迟到、旷课、早退，请假须经体育教师及班主任批准，并严格执行《山东师大附中体育与健康课(外堂)管理规定》。

五、眼操、课间操、升旗规则

1.眼操音乐声响起，学生停止其他一切活动，做好眼操前准备。

2.做眼操时心神集中，动作准确。不讲话、不看书、不做作业或发讲义。

3. 课间操时间教室内除留下两名值日生外，其余所有学生要迅速离开教室，到达本班集合地点，整队时做到快速、安静、整齐。

4.做操时要精神饱满，动作规范有

力，不打闹，不说话。

5.凡不能做操者，需有医院或校医务室证明，经班主任批准见习。

6.队伍带入带出时，各班应人员齐整、行列整齐、口令明确、步伐一致、口号响亮、精神饱满。

六、课间、午间休息规则

1.下课后，值日生要及时负责擦干净黑板，学生应及时休息和远眺，尽量不要看书、做作业。

2.课间不在楼道、教室、校园追逐打闹和玩球。

3.课间不随便出校门。在校期间未经教师批准不开电视、不开多媒体设备。

4.午间休息，楼道、教室内要保持绝对安静，不串班、不玩棋、不打扑克，各班要有专人负责午间纪律。

七、自习规则

1.自习课由班干部全面负责管理，课后应将情况向班主任汇报。

2.自习课必须保持安静，不下位，不讨论问题，有问题可到课下讨论。

3.自习课上，学生必须认真独立做作业和复习、预习功课，不得妨碍他人学习。

4.自习课要认真考勤，无故缺席，按旷课处理。

八、班、校会规则

1.每周一下午第三节课为班、校会时间，校会一般每四周一次。

2.开班、校会时，不随便讲话，不看书，不做与会议无关的事情。

3.学生不无故迟到、缺席，否则，按正常课的迟到、旷课处理。

4.所有艺术生、体育生必须参加班、校会。

九、课外活动规则

1.课外活动的时间为下午第四节课，活动内容包括选修课、竞赛辅导、文艺活动、体育活动等。

2.要求学生对待课外活动要像对待正课一样，不无故迟到、缺席、早退，否则，按旷课处理。

3.要爱护校园环境，爱惜花草、树木，保护环境卫生。

十、离校规则

1.学生离校时间一般为下午第四节课后。遇到老师、同学要有礼貌，道声“再见”。

2.放学前，值日生要把卫生打扫干净，把桌椅排放整齐，离校时，要关好门窗、关闭电源。

3.不要在校门口、车棚门口聚集、逗留，以防堵塞交通。路上遵守交通规则，注意交通安全。

4.在校外，不进入网吧、游戏厅等不适合学生进入的娱乐场所。

山东师大附中学生礼仪规范

1.在校穿校服。坐、立、行姿势端正。参加升旗仪式时，表情庄重，衣着整洁，脱帽肃立，行注目礼；唱国歌时要严肃、准确，声音洪亮。

2.仪表端庄，着装得体，朴素大方，不穿奇装异服，不染彩发和指甲，不穿拖鞋进学校。男生不留长发，女生不化妆，不穿超短裙等服装。

3.谈吐举止文明，不说脏话，不随地吐痰，不乱扔废弃物，不吸烟，不喝酒，不赌博，不上网吧，爱护公共财产和公共设施。男女生交往自然有度。不当着他人的面咳嗽、打喷嚏、擦鼻涕、掏鼻孔、擦污垢。健康上网，使用文明网络语言。

4.守时守信，借人钱物按时归还。

5.平等待人，与人为善。同学之间团结互助、正常交往，发生矛盾多做自我批评，妨碍别人要道歉。尊重他人人格、宗教信仰和民族风俗习惯。

6.使用好礼貌用语：请、您、您好、谢谢、对不起、没关系、再见。使用好体态用语：微笑、鞠躬、握手、招手、鼓掌、右行礼让、回答问题起立。

7.进校第一次见到老师问好；上下课起立向老师行注目礼；课上，发言先举手；进老师办公室，喊报告或轻敲门，经允许后再进入；离校应与老师、同学道别。

8.乘公共车主动购票，给老、幼、孕、残及师长让座，不争抢座位，不嬉戏打闹，不大声喧哗。遵守交通规则，过马路走人行道，上下楼梯右行礼让。

9.家中吃饭请长辈先就座，离家或归家与家长打招呼，对待客人热情，主动问候，微笑致意，起立欢迎，招手送别。递送或接受物品时要起立并用双手。

10.参加集会守时肃静。大会发言先向师长和听众致礼，发言结束道谢。观看演出和比赛，做文明观众，不起哄滋扰，适时适度鼓掌致意。

山东师大附中学生公寓管理规则

一、严守纪律，维护秩序

1.严格遵守作息时间，按时起床，按时就寝。

2.任何时候不得在楼内喧哗、打闹，上下楼要靠右有秩序行走，不跑，不跳，不拥挤。午休和熄灯后要保持安静，严禁说笑、出入、走动。

3.禁止在宿舍楼内打牌、下棋或进行体育、娱乐活动。不准在宿舍用餐，不得随意到宿舍外游逛。

4.讲文明，讲道德，不讲脏话、粗话，不做低级趣味的事情。

5.按指定床位住宿，不准私自调换，不准乱用他人物品。

6.楼内禁放自行车。

7.男生不得进入女生楼，女生不得进入男生楼，有事找人可由值班人员代传。

8.上课时间不准随便进出宿舍楼，因病因事进楼须向值班人员出示请假条。

二、保持卫生，整好内务

1.要保持宿舍内外整洁。舍长负责排出每天的值日表，个人负责自己的内务，值日生负责室内公共卫生及宿舍所在区域走廊卫生，做到每天早上离开宿舍前用拖把拖一次，保证地面无尘。做到桌面、地面、墙面等处无墨迹，无纸屑，无果皮，无痰迹，无垃圾，无积水，室内无异味。

2.衣被要洁净。做到衣服、袜子经常洗，被子、褥子经常晒，鞋子经常刷。

3.垃圾要放在指定位置并及时清理。不得把杂物和垃圾堆放在洗漱间或丢弃在厕所。

4.要做到小便入池，大便入坑，严禁便后不冲水。

5.被子要折叠方正，南面宿舍放在床的南端，北面宿舍放在床的北端，枕头放在被子与墙之间。床单要铺放平整，床面要干净无杂物。

6.衣服、杂物放在壁橱内。鞋子放在床下，与下铺外缘对齐，南北要成一条线。脸盆分别放在床下两端，与鞋子排齐，每人限摆三双鞋，牙具放在脸盆里。

7.桌面干净无杂物，暖瓶放在桌下，成两条直线，一律排放整齐。

8.蚊帐按指定方式收挂。不准在宿舍内拉绳晾衣晒物。不准私自钉、挂、贴各种物品。

三、爱护公物，保证安全

1.学生寝室安全管理实行室长负责制。室长要认真开展遵纪守法和“三防”(防火、防盗、防治安灾害事故)教育，学生应自觉维护宿舍安全，增强安全意识和法制观念，提高防范能力和自我管理能力。

2.爱护门窗，轻关轻开，不得摔门、踢门、砸门。

3.不得攀登、踢踏楼梯扶手，严禁用脚踢墙。

4.节约水电，不准连续开关灯，水龙头要轻关轻开。

5.床铺及其他所配用具，不得随意损毁。

6.不准将砖头、木棒、铁棍、刀具及各种酒类带入楼内，更不准将易腐、易燃、易爆和有毒物品带入。

7.禁止将任何自备电器带入宿舍使用，禁止使用酒精炉、煤油炉、蜡烛、蚊香。

8.保管好自己的钱物，贵重物品不要放在宿舍里，严防盗窃现象的发生。离开宿舍要及时锁门关窗，平时锁不要挂在门外。

9.发现安全隐患要及时采取措施，并向有关人员报告。

10.晚休熄灯之前舍长一定要检查门窗是否关好，严防坏人夜间入室偷盗。

11.发现宿舍不安全隐患，每个同学都有责任和义务直接汇报到分校主任办公室。

四、服从管理，令行禁止

1.学生宿舍由校区统筹安排，由班主任定位，定期调换，学生不得自行调换床铺、壁橱等用具。

2.未经校区许可，严禁外来人员进楼住宿。

3.不准在宿舍举行各类聚会。

4.要支持室长的工作，服从管理人员和班主任的管理，不得无视或顶撞有关人员的管理，任何人都有权制止各种违纪行为。

5.每位同学都要熟知上述细则，并做到条条落实。

6.学校将定期进行“文明宿舍”和“文明学生”的评比，对违犯学生公寓管理规定者，将视其情节按有关处罚条例给予处理。

山东师大附中宿舍安全管理制度

学生宿舍安全工作始终是整个宿舍管理工作的第一要务。各公寓楼层的宿舍管理员是安全工作的首要责任者，各班生活委员和各宿舍室长兼任安全委员，负责各种安全隐患的发现、报告与防范，监督检查各种安全措施的落实情况。

一、用电安全

禁止使用任何违规私带电器。宿舍内严禁私接电源和拉电线，禁止使用各种火源，例如蜡烛、酒精炉等。

二、防火安全

宿舍楼区，严禁烟火，安全第一，从我做起。不得将火柴、打火机等火源带入宿舍，不许抽烟、点蜡烛、烧纸物，坚决消除一切火灾隐患。宿管老师要组织宿舍管理员学习消防安全知识、紧急救生常识等，必须掌握灭火器等消防器材的操作，定期检查更新各种消防设施，定期开展火灾演练。

三、财物安全

不将过多的钱物带入宿舍，贵重物品请锁入个人箱柜。离开宿舍必须锁好门窗，严防任何人从窗户出入，相关舍长要严把此关，杜绝疏漏。

四、上下楼梯安全

在紧急集合、上下课出入等学生人流量高峰期，各公寓宿舍管理员必须提前敞开大门，按时站在相应的楼梯口指挥疏导，及时化解各种紧急突发事件。学生上下楼要按规定东、西楼梯分流，并靠右行。同学之间要礼让三分，不得拥挤起哄。

五、值班安全

宿舍楼区值班老师必须每天坚守岗位，认真负责，并做好值班记录。上课（含自习）期间学生不得回宿舍，特殊情况须持有班主任签字的假条，并详细登记后方可出入。学生不在时外来陌生人员不得进入宿舍。

六、生活安全

在宿舍内严禁喝酒、打牌、赌博、吸烟、打架斗殴、聚众滋事。严禁存放易燃易爆物品和其他凶器（如鞭炮、汽油、刀具等），不许串床串宿。不得在宿舍、楼道、水房等地聚集吵闹、推搡起哄。禁止从宿舍内向外倒垃圾、泼污水、扔杂物等。严禁外来人员包括家长进入学生宿舍，尤其是女生宿舍，特殊情况必须进入宿舍的要经管理员批准并办理登记手续，在宿舍时间不准超过10分钟，不准私自留客住宿。

以上规定如有违反者，视情节轻重，给予批评教育、停宿、警告、严重警告、留校察看和开除学籍等处分，触犯法律的交公安机关处理。

山东师大附中学生公寓管理12分制实施办法

为了给同学们提供良好的住宿环境，保证住宿生的休息质量，提高学习效率，保障学生身心健康，确保学生公寓管理工作的“安全、有序、和谐、高效”，学校在宿舍管理中实行12分积分制。学生的违纪现象每积满12分，由政教处通知家长，并视违纪情况轻重及认错态度决定是否保留该生住宿资格。

一、扣分细则

1.不按时回宿舍的，每人扣1分。

2.不按时出楼门升旗或上课的，每人扣1分。

3. 宿舍门标没有或不完整的，每人扣1分。

4. 在宿舍内墙壁乱涂乱画、张贴字画等，每人扣1分。

5. 中午或晚上休息铃后，玩电子产品、听音乐等，检查时具体到人，每人扣2分。

6.晚上熄灯铃后，私自开小灯的，检查时必须具体到个人，每人扣2分。

7.不论是否打铃，进楼后吵闹、大声喧哗的，每人扣2分。

8.休息时间，乱串宿舍的，每人扣2分。

9. 中午或晚上休息铃后洗刷、说话的，每人扣2分。

10.宿舍卫生通报批评，查明责任人,每次扣2分。

11.不服从管理、顶撞管理人员的，每人扣5分。

12.在宿舍内从窗户向外乱扔东西、泼水的，每次扣5分。

13.在公寓内娱乐（如打扑克、下象棋、打麻将等）或进行体育活动（如踢球等）的，每人扣5分。

14. 有意或因打闹引起的破坏公物现象，根据损坏公物价值除进行相应赔偿外，每人扣5分。

15.在宿舍内点蜡烛、鞭炮等易燃易爆物品的，每人扣12分。

16.爬楼或私自外出，夜不归宿或外出上网的，每人扣12分。

17.在宿舍内吸烟、喝酒、聚众看不良视频的，每人扣12分。

18.在宿舍内偷盗、打架斗殴的，每人扣12分。

19. 替别人打卡的，替打者和被替者每人扣12分。

20.在公寓内发现违禁物品，如电器、管制刀具等的，落实到个人，每人扣12分。

二、实施办法

1.值班老师和公寓管理员每天进行检查，对违纪学生进行登记汇总报政教处。

2. 违纪学生积满8分，政教处通知年级，由年级约学生谈话、诫勉；积满12分，政教处将取消该生本学期的评先评优资格，同时给予该同学停宿直至取消住宿资格处理，并根据校规校纪，另行纪律处分。

3.学生在宿舍内有偷盗、打架斗殴、吸烟、喝酒等情节的，除记分处理外，将根据校规校纪，另行纪律处分。

第三节 山东师大附中值周班检查制度

值周班制度是山东师大附中实行学生自我管理、自我服务的一种重要的德育形式。值周班制度的实施是对班主任工作的一次全面检查和考核，是对班、团干部的全面考查，也是对学生的思想品德、行为规范、组织纪律、服务意识和劳动观念、习惯、能力的培养和考核，是展示班集体形象、培养学生集体荣誉感、增强集体凝聚力的重要途径之一。

各班同学在班主任老师的带领下，认真学习值周班工作细则和具体要求，全面发挥值周班的管理职能、服务职能和示范职能，自觉服从组织安排，乐于奉献，大胆管理，坚守岗位。同学们要以饱满的精神，做好各项工作，以主人翁的姿态参与学校规范管理、纪律管理、生活管理和环境管理，为学校良好校风的形成做出贡献。

本校区值周班检查的主要内容包括：升旗仪式检查、学生进校仪容仪表督查、课间眼操质量检查、课间跑操质量检查、教室卫生检查、午休纪律检查和下午课前唱歌检查等几个方面。

幸福柳校区值周班检查的主要内容包括：升旗仪式检查、早读检查、课间跑操质量检查、教室卫生检查、下午课前唱歌检查、课间眼操检查、放学后班级公物安全管理检查、午休和晚休检查等几个方面。

值周班检查制度的具体细则由政教处、团委和学生会联合制定。

第四节　山东师大附中违纪学生处罚条例

为了加强校风和学风建设，建立正常的教学秩序，保证学生有一个良好的学习和生活环境,促进学生全面发展,完成培养社会主义现代化建设事业需要的合格人才的任务，学校根据《中华人民共和国教育法》《公民道德建设实施纲要》《中小学生守则》《山东师大附中中学生日常行为规范》,本着教育与管理相结合的原则,结合实际情况,制定本条例。

学生违反校规校纪,视情节轻重,给予下列之一的处分,违纪处分决定记入《山东省普通高中学生发展报告》和学生电子档案中。

一、警告处分

1.考试违纪一次者。

2.一学期累计旷课三天(二十一课时,迟到、早退三次计算为一课时)。

3.扰乱课堂纪律,不虚心接受老师教育,致使老师无法上课。

4.仪容仪表不符合中学生身份,或经常不穿校服,不听从学校教育管理,态度蛮横。

5.在校吸烟、喝酒。

6.谩骂老师、同学。

7.故意损坏门窗、桌凳、教学仪器或设施等,价值十元以上,除加倍赔偿外给予该处分。

8.校园内不遵守规定,乱扔垃圾、乱停放自行车。

9.在楼道或校园内玩球。

10.无故不参加升旗仪式、不做课间操、不参加体育活动、不参加集体活动、不上晚自习一学期内累计十次以上者。

11.违章使用电器。

12. 违反宿舍管理有关规定,宿舍卫生、纪律一个月内累计被两次通报批评者。

13. 上课(包括自习)、午休、晚休时间使用手机、MP3等娱乐设备,除没收设备外给予该处分。

14. 受到学校大会点名批评两次以上(含两次)者。

二、严重警告处分

1.曾受过警告处分,仍不改正,继续违反校规校纪。

2.考试作弊一次者。

3.一学期累计旷课五天(三十五课时)。

4.严重扰乱课堂纪律,直接影响老师授课,在班级中造成较坏影响。

5.上课时间去网吧上网。

6.对老师、同学的批评帮助进行报复、谩骂。

7.故意损坏门窗、桌凳、教学仪器或设施等价值二十元以上,除加倍赔偿外,给予该处分。

8.经常吸烟、喝酒,屡教不改。

9.携带管制刀具及其他违禁物品进入校园,除没收违禁物品外,给予该处分。

10.男女生交往有不文明行为或影响附中形象者。

三、记过处分

1.曾受过严重警告处分,仍不改正,继续违反校规校纪。

2.一学期累计旷课七天(四十九课时)。

3.结帮拉伙、打架斗殴或唆使别人来校、出校打架,有损学校荣誉。

4.故意损坏公物、学校建筑、体育设施,造成严重后果。

5.有偷窃行为。

6.住校生夜不归宿,除取消住校资格外给予记过处分。

7.在网络上散播违反法律、妨碍社会治安和国家安全言论,发表、传播有损学校和他人正当利益的言论,以及散布各种谣言、混淆视听者。

四、留校察看处分

1.曾受过记过处分,仍不改正,继续违反校规校纪。

2.污辱他人,情节严重。

3.对老师、学生的正当管理进行报复,殴打致伤。

4.加入团伙,参加盗窃,危害较大,影响较坏。

5.聚众斗殴或打伤他人,情节严重。

6.严重违反中学生守则,屡犯错误,影响恶劣者。

五、勒令退学和开除学籍处分

1.曾受过留校察看处分，仍不改正，继续违反校规校纪。

2.被公安机关扣留、劳改、劳教。

3.道德品质败坏，造成严重后果。

说明：

1.凡在山东师大附中就读的学生，均适用本条例。

2.警告达到两次的给予记过处分，记过达到两次的给予留校察看处分，留校察看学生严重违反校规校纪，给予开除学籍处分。

3.能主动承认错误，确系他人胁迫或诱骗，主动揭发且认错态度较好者可从轻处分。

4.认错态度差或拒不承认错误、对有关人员威胁恫吓、打击报复或以各种方式阻碍学校调查处理、重复违纪、共同违纪为首者可从重处分。

5. 对违纪学生做出处分的决定应本着育人为本、管理为重的原则，应事实清楚，并准许学生申诉。学生首次获得的处分（留校察看、开除学籍处分除外）仅填写处分登记表，学校政教处留档，不记入《山东省普通高中学生发展报告》和学生电子档案中。班主任将违纪事实及处理情况通知学生家长，取得家庭教育的配合。如学生再次受到处分，前次处分将按规定记入《山东省普通高中学生发展报告》和学生电子档案中。

6.受到学校纪律处分（开除学籍除外）的学生确有悔改表现，本人写出书面申请，家长签字，班主任签字同意，上报政教处，政教处经过多方面的调查核实，报学校领导同意，可以撤销该同学的处分。撤销处分一般在处分生效一年后或学生毕业前实施。已记入《山东省普通高中学生发展报告》和学生电子档案的处分无法撤销。

第四章

学生安全指导

第一节 人身安全预防指导

一、上下楼梯的安全

1.上下楼梯时一律靠右行，不得超过楼梯上的红线。

2.不得串楼层活动。如果学生遇到特殊情况需要找人或办事，必须经得教师同意后才可以到其他班去。

3.课间操时，只可以下楼，不得上楼。

4.教育学生在集体上下楼梯行进时，个人不得擅自停下来做其他的事（如系鞋带、拾东西等），防止造成楼道交通阻塞或踩踏事故。

5.上下楼梯时，不得滑楼梯扶手，不得勾肩搭背，推推搡搡，追逐打闹，不得并排齐步走。

6.在遇到停电、打雷或其他突发状况时，做到不恐慌、不乱跑乱窜，听从教师或班干部的指挥。

7.参加集会时，各班要听从学校广播和现场老师的调度。

二、体育课安全要求

1.体育教师是体育课上学生安全的第一责任人，必须有很强的安全意识，并且掌握体育运动有关的安全知识，具备事故处置能力。

2.上课前要认真检查运动场地和运动器材，消除隐患。如：场地有无小石子，器材是否牢固完好，沙坑的松散度等。

3.每节课应根据授课内容，将容易发生的事故及其危害向学生进行反复强调，要讲清动作要领，做好保护措施，时刻注意学生活动情况。

4.上课要注意分组分项进行训练，事先和其他体育教师协调，划分好场地，尽力做到互不干扰，对易发事故、危险性较大的场地上的学生，给予更多的关心和指导。

三、课间活动注意事项

1.活动的强度要适当，不要做剧烈活动，以保证继续上课时不疲劳、精力集中、精神饱满。

2.室外空气新鲜，课间活动应当尽量在室外，但不要远离教室，以免耽误下面的课程。

3.活动要注意安全，避免发生扭伤、碰伤等事故。

4.活动的方式要简便易行，如做操、散步等。

四、学校集会安全

1.集会、做操应由学校专人负责统一指挥，保证集会、做操的纪律。

2.集会、做操应以班为单位，按指定位置安排座位或站队，由班主任负责，防止学生乱走动，避免意外事故的发生。

3.上下楼时不要拥挤，不催促学生快跑，要有教师负责疏散管理，进出会场要有序，严防挤压事故的发生。

4.学校组织学生开展军训活动以及社会实践活动时，应制定周密的实施方案，并与承办部门负责人共同商定。

5.军训的强度应根据学生的年龄、身体状况而定，对患有不适合军训活动疾病的学生应进行劝阻，避免意外发生。

6.场地应事先考察，确保师生安全。

7.学校领导及安全领导小组必须对集会、早操、军训、社会实践活动实行全过程监控，以防意外事故发生。

五、关于校园暴力

（一）让暴力远离校园

学校要切实肩负起教育管理的责任，采取有效措施防范校园暴力。经常对学生进行青少年保护相关法律知识教育，加强青少年学生心理知识教育和技能训练，提高学生防范经验和能力。

家长要承担起预防校园暴力的责任，教育并劝导孩子远离暴力游戏、暴力性动画片及电视剧，更不要沉迷于网络；给予孩子更多家庭关爱、注重和孩子的沟通与交流，尤其对单亲家庭的孩子，更应付出更多关爱在孩子身上，避免产生自卑、孤僻性格。平日教育孩子时，不要采用打骂等极端行为，否则会对孩子心理造成负面影响。对孩子爱之有道，不要一味地满足其要求，言听计从。适当进行挫折教育，培养孩子坚强品格。

当然，最重要的还是社会各界共同努力，一起重视校园暴力问题，加强打击力度。

(二)校园暴力该如何应对和防范

同学们遇到校园暴力，一定要沉着冷静，采取迂回战术，尽可能拖延时间。 必要时，向路人呼救求助，采用异常动作引起周围人注意。人身安全永远是第一位的，不要去激怒对方。顺从对方的话去说，从其言语中找出可插入话题，缓解气氛，分散对方注意力，同时获取信任，为自己争取时间。

同学们上下学尽可能结伴而行。穿戴用品尽量低调，不要过于招摇。避免与同学发生冲突，一旦发生及时找老师解决。上下学、独自出去找同学玩时，不要走僻静人少的地方，要走大路。不要天黑再回家，放学不要在路上贪玩，按时回家。

学校会定期开展心理、思想道德课程教育，适当组织同学间的协作活动，加强团队互助意识。

第二节　财产安全指导

一、校园盗窃的方式及手段

纵观以往发生在校园的盗窃案件，可以看出盗窃分子在作案前或作案过程中往往有各种表现，供我们识别。

1.见财起意，顺手牵羊。有些偶然的机会，使盗窃分子有机可乘：看见别人的摩托车、自行车没锁，顺手盗走；趁宿舍内无人，将他人放在床上的钱物窃为己有。

2.借口找人，投石问路。外来人员流窜盗窃，首先要摸清情况，包括时间、地点、治安防范措施等；往往以借口找人为由打探虚实，一旦有机会就立即下手。

3.乱闯乱窜，乘虚而入。有些犯罪分子急于得到财物，根本不“踩点”，而是以找人、借东西为由，不宜下手就道歉告退，如有机会立即行窃。

4.混水摸鱼，就地取“财”。宿舍内发生意外情况或学校组织大型活动时，不法之徒趁人不备，进行盗窃。

5.调虎离山，趁机盗窃。有些人故意提供虚假信息诱你离开宿舍，然后趁室内无人行窃。

6.伪装老实，隐蔽作案。个别人从表面看为人老实，工作、学习积极，实则用此作为掩护，防止作案后会被人怀疑。

7.里应外合，勾结作案。学校学生勾结校外人员，利用学生情况熟的特点，合伙作案。

8.撬门拧锁，胆大妄为。不法分子趁学生上课、假期宿舍无人等时机，大胆撬门拧锁，入室盗窃。

二、被盗原因

1.混编宿舍，人员较乱、互不了解。因上课、外出时间不统一，容易被盗窃分子钻空子。

2.马虎大意，缺乏警惕。宿舍每人一把钥匙，外出时互相依赖忘了锁门，夏季休息不关门窗，给盗窃分子可乘之机。

3.随意留住外人。有的同学认识一些校外人员，带回学校，随意留住。由于了解不深、情况不明，使窃贼乘机作案。

4.宿舍钥匙随意借给他人，使得钥匙管理混乱，容易发生财物的丢失。

5.新生入学、老生离校及节假日时，人员较乱且流动较大，容易被盗，并且此时学生手中现金较多，损失相对较大。

6.有些同学在上课或到教室自习时，携带随身听、复读机、MP3播放器、手机等贵重物品及现金，课间休息、下课后、自习睡觉时将上述钱物随意放在教室书包内，在人员较乱或教室无人时，易发生丢失。

三、如何防盗

（一）宿舍防盗的基本方法

学生宿舍的防盗工作，要注意做到以下几点。

1.严格宿舍楼管理制度，加强值班。值班人员要增强责任心，对外来人员要据实登记，防止不法分子混入宿舍。学生应该文明礼貌、热情好客，但决不能只讲义气、感情而不讲原则、纪律。不能留宿外来人员，如果违反学校学生宿舍管理规定，随便留宿不知底细的人，就有可能引狼入室而后悔莫及。

2.加强贵重物品的保管。对于比较贵重的物品妥善保管，一般应锁入小柜，不要放在较显眼的位置，一段时间不用的应妥善存放或交人看管。现金存入银行，存折加密。密码、存折、身份证等要分开存放，不要将密码告知他人。

3.最后离开宿舍的同学，要关好窗户锁好门，千万不要怕麻烦。同学们一定要养成随手关窗、外出锁门的习惯，以防盗窃者乘隙而入。

4.同学之间搞好团结，互相关心、互相帮助。作案人到宿舍行窃时，往往要找各种借口，如找什么人或推销什么商品等，见管理松懈、进出自由、房门大开，便来回走动、窥测张望、伺机行事，摸清情况、瞅准机会后就撬门扭锁大肆盗窃。遇到这种可疑人员，同学们应主动上前询问，如果来人确有正当理由一般都能说清楚。如果来人说不出正当理由又说不清学校的基本情况、疑点较多，可及时与学校保卫部门联系。

5.注意保管好自己的钥匙。宿舍、箱包、抽屉等处的各种钥匙，不能随便借给他人或乱丢乱放，以防别人复制并伺机行窃。

（二）自行车防盗

购买新车一定要有发票，一旦发生丢失也便于查找、认领。自行车放在指定地点，并及时上锁。露天存放自行车，可将两车锁在一起，使窃贼难以搬走，减少丢失。高档摩托车、自行车存入学校专人看管的车棚内。购买正规厂家生产的车锁，防止被人捅撬盗车。

另外，我们建议同学们在上学期间不要购买高档自行车，以减少丢失后的经济损失。

（三）教室防盗

不要随意将随身听、复读机、MP3播放器等贵重物品及现金放在教室，课间休息随身携带，以防被盗。下课后将书包背回宿舍，不要图方便放于教室内，以防物品丢失。

四、发生盗窃案件的应对办法

一旦发生盗窃案件，同学们一定要冷静应对，立即报告学校保卫部门，同时封锁和保护现场，不准任何人进入。不得翻动现场的物品，切不可急急忙忙地去查看自己的物品是否丢失，这会对公安人员准确分析、正确判断侦察范围和收集罪证造成妨碍干扰。

发现嫌疑人，应立即组织同学进行堵截，力争捉拿。同学们应配合调查，实事求是地回答公安部门和保卫人员提出的问题；积极主动地提供线索，不得隐瞒情况不报，学校保卫部门和公安机关有义务，有责任为提供情况的同学保密。

如果发现存折被窃，应当尽快到银行挂失。

第三节　校内防火安全指导

一、校内防火基本注意事项

1.打扫卫生时，要将枯枝落叶等垃圾做深埋处理或送往垃圾站场，不要采取点火烧掉的办法。

2.不带火柴、打火机等火种进入校园，也不带汽油、爆竹等易燃的物品进入校园。

3.不随意焚烧废纸等。

4.实验课需要使用酒精灯和一些易燃的化学药品时，须在老师的指导下进行，并且严格按照操作要求去做，时刻小心谨慎，严防发生用火危险。

二、对轻微火情的紧急应付

对形成火灾的，应及时报警。对突然发生的比较轻微的火情,同学们也应掌握简便易行的、应付紧急情况的方法。

1.水是最常用的灭火剂,木头、纸张、棉布等起火,可以直接用水扑灭。用土、沙子、浸湿的棉被或毛毯等迅速覆盖在起火处,可以有效地灭火。用扫帚、拖把等扑打,也能扑灭小火。

2.油类、酒精等起火,不可用水去扑救,可用沙土或浸湿的棉被迅速覆盖。

3.煤气起火,可用湿毛巾盖住火点,迅速切断气源。

4.电器起火,不可用水扑救,也不可用潮湿的物品捂盖。水是导体,这样做会发生触电。正确的方法是首先切断电源,然后再灭火。

5.有条件的学生,还可以学习一些简易灭火器的使用方法。

三、遭遇火灾如何正确脱险

遭遇火灾,应采取正确有效的方法自救逃生,减少人身伤亡损失。

人身安全受到火灾威胁时,千万不要惊慌失措,要冷静地确定自己所处位置,根据周围的烟、火光、温度等分析判断火势,不要盲目采取行动。

身处楼房中,发现火情不要盲目打开门窗,否则有可能引火入室。不要盲目乱跑,更不要跳楼逃生,这样会造成不应有的伤亡。可以躲到居室里或者阳台上,紧闭门窗,隔断火路,等待救援。有条件的,可以不断向门窗上浇水降温,以防止火势蔓延。

在失火的楼房内,逃生不可使用电梯,应通过防火通道走楼梯脱险。因为失火后电梯竖井往往成为烟火通道,并且电梯随时可能发生故障。因火势太猛,必须从楼房内逃生的,可以从二层处跳下,但要选择不坚硬的地面,同时应从楼上先扔下被褥等增加地面的缓冲,然后再顺窗滑下,要尽量缩小下落高度,做到双脚先落地。在有把握的情况下,可以将绳索(也可将床单等撕开连接起来)一头系在窗框上,然后顺绳索滑落到地面。

身处平房的,如果门的周围火势不大,应迅速离开火场。反之,则必须另行选择出口脱身(如从窗口跳出),或者采取保护措施(如用水淋湿衣服、用浸湿的棉被包住头部和上身等)以后再离开火场。

逃生时，尽量采取保护措施，如用湿毛巾捂住口鼻、用湿衣物包裹身体。如身上衣物着火，可以迅速脱掉衣物，或者就地滚动，以身体压灭火焰，还可以跳进附近的水池、小河中，将身上的火熄灭，总之要尽量减少身体烧伤面积，减轻烧伤程度。火灾发生时，常会产生对人体有毒、有害的气体，所以要预防烟毒，应尽量选择上风处停留或以湿的毛巾或口罩保护口、鼻及眼睛，避免有毒、有害烟气侵害。

第四节　交通安全预防指导

一、按时上学，按时离校，及时归家

本节强调的交通安全，主要指同学们上学、放学时的安全常识。按时上学，不迟到，不早退。

放学后按时离校，及时归家，不在学校或路上逗留、玩耍。 大多数事件都是因为在路上玩耍时间过长，玩久了就会忘掉安全规定与安全知识，同时也将自己置于危险环境的时间拖长了。

二、行路的安全

1.遵守交通规则，不坐非法营运车辆。

2.专心走路，切忌东张西望、看书看报、聊天分神而忘记观察路面情况，路边有车辆时要注意避让。

3.不在公路上嬉戏打闹、追逐乱跑，不能在马路上踢球、跳绳、做游戏。

4.注意来往车辆，不猛跑、追逐、斜穿或突然改变方向，要主动避让车辆，不与车辆抢行。不追逐、爬、吊、拦机动车辆，不向车辆抛石子等。在马路上不要多人并行，马路对面有人打招呼时，要仔细观察，不贸然横穿。

5.雾天、雨天、雪天走路时，最好穿上颜色鲜艳的衣服，打鲜艳的伞。

三、骑车的安全

1.交通规则规定：不满12周岁的孩子，不能在道路上骑车。

2.不打伞骑车，不脱手骑车，不骑车带人，不骑“病”车，不骑快车。

3.不与机动车抢道,不并行骑车。

四、乘公共汽车的安全

1.上车前要认真观察,先看清公共汽车标志。因为公共汽车停靠站,往往是几路公共汽车同一个站台,慌忙上车,容易乘错车。

2.待车子停稳后再上车或下车,上车时将书包置于胸前,以免书包被挤掉或被车门卡住。

3.上车后不要挤在车门边,尽量往里边走,见空处站稳,并抓住扶手,头、手、身体不能伸向窗外,否则容易发生伤害事故。

4.乘车要尊老爱幼,讲礼貌,见老、弱、病、残、孕要主动让座。乘车时不要看书,否则会损害眼睛。

5.下车要提前规划,主动移动到下车门,待车辆停稳后观察没有险情时再下车。